"十三五"国家重点图书出版规划项目
自动驾驶技术系列丛书

自动驾驶
汽车决策与控制

杨世春 曹耀光 陶吉 郝大洋 华旸 ◎ 编著

清华大学出版社
北京

内 容 简 介

自动驾驶汽车是指能够通过车载传感系统感知道路环境、自动规划行车路线并控制汽车到达预定目的地的一种智能汽车。自动驾驶汽车集自动控制、体系结构、人工智能、视觉计算等众多技术于一体，是计算机科学、模式识别和智能控制技术结合的产物。本书对自动驾驶汽车决策与控制技术进行了系统介绍，主要内容包括：自动驾驶汽车全局路径规划、汽车行为决策、汽车运动规划、自动驾驶汽车控制、基于Apollo平台的决策与控制实践等。

本书可以作为高等院校汽车工程、交通工程专业在校学生的教材，也可供从事自动驾驶汽车相关行业的工程技术人员阅读和参考。

本书封面贴有清华大学出版社防伪标签，无标签者不得销售。
版权所有，侵权必究。举报：010-62782989，beiqinquan@tup.tsinghua.edu.cn。

图书在版编目（CIP）数据

自动驾驶汽车决策与控制/杨世春等编著．—北京：清华大学出版社，2020.2（2022.11 重印）
（自动驾驶技术系列丛书）
ISBN 978-7-302-53888-2

Ⅰ．①自… Ⅱ．①杨… Ⅲ．①汽车驾驶—自动驾驶系统 Ⅳ．①U463.61

中国版本图书馆 CIP 数据核字（2019）第 215476 号

责任编辑：黄 芝　张爱华
封面设计：刘　键
责任校对：梁　毅
责任印制：宋　林

出版发行：清华大学出版社
网　　址：http://www.tup.com.cn，http://www.wqbook.com
地　　址：北京清华大学学研大厦 A 座　　邮　编：100084
社 总 机：010-83470000　　邮　购：010-62786544
投稿与读者服务：010-62776969，c-service@tup.tsinghua.edu.cn
质量反馈：010-62772015，zhiliang@tup.tsinghua.edu.cn
课件下载：http://www.tup.com.cn，010-83470236

印 装 者：三河市龙大印装有限公司
经　　销：全国新华书店
开　　本：185mm×260mm　　印　张：10　　字　数：244 千字
版　　次：2020 年 2 月第 1 版　　印　次：2022 年 11 月第 8 次印刷
印　　数：12201～14200
定　　价：59.80 元

产品编号：083014-01

丛书编写委员会

主　　编：王云鹏　李震宇
副 主 编：陈尚义　邓伟文　吕卫锋
执行主编：杨世春　杨晴虹　蒋晓琳
参　　编：（按姓氏拼音排列）

白　宇	鲍万宇	鲍泽文	蔡仁澜	曹耀光	陈博文
陈东明	陈竞凯	陈　卓	段　旭	冯宗宝	付骁鑫
傅轶群	郝大洋	胡　星	华　旸	黄　坚	黄科佳
黄新宇	李洪业	李　明	李晓欢	李晓辉	刘盛翔
柳长春	路　娜	马常杰	马　彧	毛继明	芮晓飞
佘党恩	申耀明	宋国	宋适宇	唐　欣	唐　盈
陶　吉	万国伟	万　吉	王　建	王　健	王　军
王　亮	王亚丽	王　阳	王煜城	夏黎明	夏添
肖　赟	谢远帆	辛建康	邢　亮	徐国艳	闫　森
杨　镜	杨睿刚	杨晓龙	余贵珍	云　朋	翟玉强
张　辉	甄先通	周　彬	周　斌	周绍栋	周　珣
周　尧	周亦威	朱振广			

序言

随着我国汽车保有量的不断增加,伴随而来的道路交通事故频发、城市交通拥堵加剧和环境污染等一系列问题日益凸显,不仅给人们出行和城市发展乃至我国经济、社会和环境的可持续发展带来了严峻的挑战,也严重阻碍了我国汽车工业的持续健康发展。步入汽车社会不久的中国已经被交通安全、城市拥堵、大气污染、土地空间和能源短缺等诸多问题严重困扰,这些问题成为制约我国经济与社会发展、城镇化进程和汽车工业发展的主要因素。

以现代智能汽车为核心,基于人工智能、互联网、大数据和云计算技术,具有高度智能化的人、车、路、网、云和社会一体化的新型智能交通系统是解决这一矛盾的根本途径。通过对道路交通信息和车载环境感知信息的高度融合、大系统建模,实现对交通和汽车的动态实时规划,集成控制道路交通设施和汽车行驶,实现以安全、畅通、高效和绿色交通为目标的道路交通流量、流速和流向的最优化,智能汽车是其核心单元。

智能汽车是汽车电子信息化和智能化的现代高科技产物,是集环境感知、规划决策和控制执行等功能于一体的现代运载工具和移动信息处理平台,具有典型的多学科和跨学科特点,它既是传统技术的继承与发展,又是许多新兴科学技术应用的结晶。开展智能汽车从基础理论到关键技术的研究,特别是人工智能技术的应用,对于提升汽车技术、加强传统技术与现代电子信息和人工智能技术的深度融合具有十分重要的意义。这也是本丛书的出发点和立意所在。

汽车自动驾驶技术,以及未来与车联网结合实现的智能网联技术,高度融合了现代环境传感、信息处理、通信网络、运动控制等技术,以实现安全可靠的自动驾驶为目标。特别是近年来以深度学习为代表的人工智能技术,不仅成为引领这一轮科技革命和产业变革的战略性技术,而且在包括汽车自动驾驶在内的许多领域凸显其技术优势,为推动汽车自动驾驶技术的发展与大规模产业化奠定了关键的技术基础。深度学习通过构建多隐层模型,通过数据挖掘和海量数据处理,自动学习数据的特征、内在规律和表示层次,从而有效地解决汽车自动驾驶中许多复杂的模式识别难题。随着深度学习理论和算法的不断发展，可以预期许多新的技术还将不断涌现或完善，以提高深度学习的计算效率和识别或预测的准确性，从而为深度学习乃至人工智能技术在汽车自动驾驶领域的广泛且深入应用开辟更为广阔的应用前景。本丛书对此作了较为详尽的介绍，这也是其新颖之处。

百度作为一家具有过硬搜索技术的互联网公司，也在人工智能和无人驾驶等领域形成了具有重要国际影响力的技术优势。百度也是我国互联网造车势力中的重要代表力量，早在2013年就开始了无人驾驶汽车项目，近年来更是取得了世界瞩目的进展和成果。其开发的以开放性著称、面向汽车自动驾驶行业合作伙伴的软件平台Apollo就是一个典范，为合作伙伴提供技术领先、覆盖范围广、超高自动化水准的高精地图、海量数据仿真引擎、深度学习自动驾驶算法等。本丛书对Apollo平台的介绍着笔不少，相信对从事汽车自动驾驶领域研究与应用的读者会大有裨益。

这是一套共六册的关于汽车自动驾驶的系列丛书，由来自北京航空航天大学、百度等一批活跃在汽车自动驾驶理论研究与技术应用一线的中青年优秀学者和科研人员执笔撰写。它不仅涵盖的范围广泛，而且内容也十分丰富翔实。值得关注的是，它涉及的知识体系和应用领域已大大超越了传统的汽车领域，广泛地涵盖了电子信息、自动控制、计算机软硬件、无线通信、人工智能等在内的许多学科。它不仅是汽车自动驾驶的技术丛书，也是跨学科融合、多学科交叉的平台。这套丛书内容深入浅出、理论结合实践、叙述融合实例，各册彼此相对独立又相得益彰。作为教材或参考书，本丛书将为这个领域的教学与人才培养提供一个较好的选择，为刚步入智能驾驶世界的读者开启一扇大门，也为深耕智能驾驶领域的科研和工程技术人员提供一套有价值的技术参考资料。

邓伟文　北京航空航天大学交通科学与工程学院院长

前言

汽车产业是国民经济重要的战略性、支柱性产业,与人民群众生活密切相关。汽车是新技术应用的重要载体,随着通信、互联网、大数据、云计算、人工智能等新技术在汽车领域的广泛应用,汽车正由人工操控的机械产品加速向智能化系统控制的智能产品转变,智能汽车已成为产业技术的战略制高点。发展自动驾驶汽车是解决汽车社会面临的交通安全、道路拥堵、能源消耗、环境污染等问题的重要手段。当前针对自动驾驶汽车研发的热潮空前,然而市面上缺少系统地对自动驾驶汽车相关技术进行介绍的书籍。本书作为系列丛书的一部分,对自动驾驶汽车决策与控制技术涉及的内容进行了系统介绍。本书作者将多年从事自动驾驶汽车教学与科研的丰富经验梳理、总结成册,在编写过程中借鉴了同类教材的优点,同时将自动驾驶汽车的最新研究成果与百度 Apollo 平台的最新技术吸收进来,因此本书具有较强的综合性和前沿性,有利于学生理解和掌握智能驾驶汽车最新的核心技术。

本书为高等院校汽车工程、交通工程专业的学生编写,同时也可供从事智能汽车技术研究的有关工程技术人员参考。全书共分为 6 章。第 1 章是概述,介绍了自动驾驶汽车的行业发展现状及发展趋势;第 2 章介绍了自动驾驶全局路径规划相关内容,包括车用地图与导航技术、常用路径规划算法等相关内容;第 3 章介绍了自动驾驶汽车行为决策相关理论,包括交通参与者行为预测算法、自动驾驶汽车行为决策算法等内容;第 4 章介绍了自动驾驶汽车运动规划相关算法,包括汽车局部轨迹生成的不同方法、自动驾驶汽车行驶舒适度评价体系等内容;第 5 章介绍了自动驾驶汽车控制理论,包括汽车运动控制理论、汽车动力学与运动学模型以及汽车横纵向控制方法等内容;第 6 章介绍了基于 Apollo 平台的决策与控制实践内容,包括 Apollo 平台、Apollo 仿真平台的安装和使用,并介绍了 Apollo 的应用案例。

本书由北京航空航天大学联合百度公司共同编写,在编写过程中得到了来自北京航空航天大学和百度公司的多位专家、老师、同学的参与和支持,包括冯宗宝、陈昱伊、李强伟、周伟韬、梅鹏、马飞等,谨在此向他们致以深切的谢意。

  本书在编写过程中,参阅了大量的文献资料,从中得到了许多有益的启示和帮助,在此向这些文献的作者表示衷心的感谢。

  由于编写时间短、编者水平有限,加之经验不足,本书难免有疏漏之处,恳请各位同行和读者批评指正。

编 者

2019 年 10 月

目录

第1章 概述 1
1.1 自动驾驶汽车介绍 1
1.1.1 自动驾驶汽车概念与分级 1
1.1.2 自动驾驶汽车关键技术 5
1.2 自动驾驶汽车的规划与控制 7
1.2.1 概念与意义 7
1.2.2 路径规划 7
1.2.3 自动驾驶汽车控制 10
1.3 规划控制中的机器学习基本思想 11
1.4 本章小结 13
参考文献 13

第2章 全局路径规划 16
2.1 全局路径规划概述 16
2.2 车用地图与导航技术 17
2.2.1 车用高精地图 18
2.2.2 高精地图与汽车导航 22
2.2.3 路径规划算法分类 24
2.2.4 Dijkstra算法 27
2.2.5 Floyd算法 27
2.2.6 A*算法 28
2.2.7 RRT算法 30
2.2.8 路径规划算法的发展 32
2.3 本章小结 33
参考文献 34

第3章 汽车行为决策 35
3.1 汽车行为决策算法概述 35
3.2 交通环境行为预测 36

　　　　3.2.1　交通参与者行为预测 ……………………………………………… 37
　　　　3.2.2　安全性评估算法 …………………………………………………… 47
　　3.3　汽车行为决策理论 ……………………………………………………………… 49
　　　　3.3.1　无人驾驶行为决策系统 ……………………………………………… 50
　　　　3.3.2　基于规则的行为决策 ………………………………………………… 51
　　　　3.3.3　马尔可夫决策过程 …………………………………………………… 52
　　3.4　本章小结 …………………………………………………………………………… 56
　　参考文献 ……………………………………………………………………………………… 57

第 4 章　汽车运动规划　　58

　　4.1　汽车可行驶区域生成 …………………………………………………………… 58
　　4.2　汽车局部轨迹规划 ……………………………………………………………… 61
　　　　4.2.1　局部轨迹生成主要方法 ……………………………………………… 61
　　　　4.2.2　局部轨迹直接构造法 ………………………………………………… 62
　　　　4.2.3　路径-速度分解法 …………………………………………………… 66
　　　　4.2.4　机器学习在局部路径规划中的应用 ………………………………… 88
　　4.3　驾驶舒适度评价体系 …………………………………………………………… 91
　　4.4　本章小结 …………………………………………………………………………… 95
　　参考文献 ……………………………………………………………………………………… 95

第 5 章　自动驾驶汽车控制　　97

　　5.1　汽车运动控制理论 ……………………………………………………………… 97
　　　　5.1.1　经典控制理论 ………………………………………………………… 97
　　　　5.1.2　现代控制理论 ………………………………………………………… 99
　　5.2　汽车模型 …………………………………………………………………………… 105
　　　　5.2.1　汽车动力学 …………………………………………………………… 105
　　　　5.2.2　汽车运动学 …………………………………………………………… 108
　　5.3　汽车运动控制 …………………………………………………………………… 111
　　　　5.3.1　概述 …………………………………………………………………… 111
　　　　5.3.2　预瞄跟随控制 ………………………………………………………… 111
　　　　5.3.3　前馈控制 ……………………………………………………………… 111
　　　　5.3.4　反馈控制 ……………………………………………………………… 112
　　　　5.3.5　横向控制 ……………………………………………………………… 112
　　　　5.3.6　纵向控制 ……………………………………………………………… 113
　　　　5.3.7　横纵向协同控制 ……………………………………………………… 114
　　5.4　本章小结 …………………………………………………………………………… 115
　　参考文献 ……………………………………………………………………………………… 115

第 6 章　基于 Apollo 平台的决策与控制实践　　117

6.1　Apollo 平台安装简介 …… 117
6.1.1　安装 Git LFS …… 118
6.1.2　下载 Apollo 源代码 …… 118
6.1.3　安装 Docker CE 环境 …… 118
6.1.4　编译源代码 …… 119
6.1.5　启动 Apollo 仿真平台 …… 120

6.2　基于本地 Apollo 环境的 Planning 模块调试 …… 121
6.2.1　进入 Apollo 环境 …… 121
6.2.2　基于数据包制作相对地图 …… 122
6.2.3　Planning 模块运行调试 …… 123
6.2.4　Planning 模块可配置参数文件 …… 124

6.3　Apollo 仿真平台 …… 126
6.3.1　仿真平台的真实性 …… 126
6.3.2　仿真平台的全面性 …… 126
6.3.3　仿真系统的结构 …… 127
6.3.4　动态变速仿真技术 …… 128
6.3.5　仿真平台实践 …… 128

6.4　Apollo 案例分析 …… 144
6.4.1　阿波龙 …… 144
6.4.2　阿波牛 …… 146

6.5　本章小结 …… 147

参考文献 …… 147

第1章 概 述

1.1 自动驾驶汽车介绍

1.1.1 自动驾驶汽车概念与分级

自动驾驶汽车是指能够感知环境、自动规划路线并控制汽车到达目的地的一种智能汽车。自动驾驶汽车利用车载或路侧传感器感知汽车周围环境,并根据传感器所获得的道路、汽车位置和障碍物等信息来规划、控制汽车的转向和速度,从而使汽车能够安全、可靠、守法地在道路上行驶。自动驾驶汽车是计算机科学、模式识别和智能控制技术高度发展、应用的产物。图 1.1 所示为自动驾驶汽车技术架构。

1. NHTSA 与 SAE 自动驾驶分级

自动驾驶技术的发展并非一蹴而就,从手动驾驶到完全自动驾驶,其间需要经历相当长的缓冲时期。统一自动驾驶等级的概念对于这一发展过程具有非常重要的意义,它有助于消除人们对自动驾驶概念的混淆,实现对不同自动驾驶能力的区分和定义。

当前,全球汽车行业中两个最权威的分级系统由美国国家公路交通安全管理局(NHTSA)和国际自动化工程师协会(SAE)提出。2013 年,NHTSA 首次发布了自动驾驶汽车分级标准,将对自动化的描述分为了 5 个等级。2014 年 1 月,SAE 制定了 J3016 自动驾驶分级标准,将对自动化的描述分为了 L0~L5 共 6 个等级,以区分不同层次的自动驾驶技术之间的差异。

两个分级标准拥有一个共同之处,即自动驾驶汽车和非自动驾驶汽车之间存在一个关键区别,也即汽车本身是否能控制一些关键的驾驶功能,如转向、加速和制动。在对自动驾驶汽车的描述上,尽管两种标准中使用的语言略有不同,但都使用相同的分类系统。具体内容如表 1.1 所示。

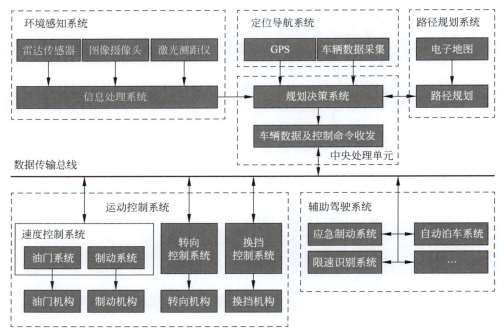

■ 图 1.1 自动驾驶汽车技术架构

表 1.1 自动驾驶分级

自动驾驶分级		名称	定义	驾驶操作	周边监控	接管	应用场景
NHTSA	SAE						
L0	L0	人工驾驶	由人类驾驶者全权驾驶汽车	人类驾驶员	人类驾驶员	人类驾驶员	无
L1	L1	辅助驾驶	汽车对方向盘和加减速中的一项操作提供驾驶,人类驾驶员负责其余的驾驶动作	人类驾驶员和汽车	人类驾驶员	人类驾驶员	限定场景
L2	L2	部分自动驾驶	汽车对方向盘和加减速中的多项操作提供驾驶,人类驾驶员负责其余的驾驶动作	汽车	人类驾驶员	人类驾驶员	限定场景
L3	L3	条件自动驾驶	由汽车完成绝大部分驾驶操作,人类驾驶员需保持注意力集中以备不时之需	汽车	汽车	人类驾驶员	限定场景
L4	L4	高度自动驾驶	由汽车完成所有驾驶操作,人类驾驶员无须保持注意力,但限定道路和环境条件	汽车	汽车	汽车	限定场景
L4	L5	完全自动驾驶	由汽车完成所有驾驶操作,人类驾驶员无须保持注意力	汽车	汽车	汽车	所有场景

NHTSA 对于自动驾驶技术的分级包含如下所述的 5 个等级。

(1) L0：人工驾驶。没有任何自动驾驶功能、技术，驾驶员对汽车所有功能拥有绝对控制权。驾驶员需要负责启动、制动、操作和观察道路状况。任何驾驶辅助技术，只要仍需要人控制汽车，都属于 L0。

(2) L1：辅助驾驶。驾驶员仍然负责驾驶过程的绝对安全，但可以将一些控制权转移到系统管理，其中一些功能已经可以自动执行，例如自适应巡航控制(ACC)、紧急制动辅助(EBA)、车道保持支持(LKS)。

(3) L2：部分自动驾驶。驾驶员和汽车协同控制，驾驶员能在一定的预设环境下驾驶汽车，即手和脚同时离开控制，但驾驶员仍需处于待命状态，负责驾驶安全，并在短时间内随时准备接管汽车的驾驶权。例如，结合 ACC 和 LKS 形成的跟车功能。该等级的核心不是汽车需要有两个以上的自动驾驶功能，而在于驾驶员已经不再是主要操纵管理者。

(4) L3：条件自动驾驶。即在有限的条件下实现自动控制，例如，在预先设定的路段(例如高速、低流量的城市路段)中，自动驾驶系统可以独立负责整个汽车的控制，然而，在特殊紧急情况下，驾驶员仍然需要接管，但系统需为驾驶员预留足够的警告时间。L3 级别将解放驾驶员，无须随时监控道路状况，将驾驶安全主控权交给汽车自动驾驶系统。

(5) L4：完全自动驾驶，无须驾驶员的干预。在无须人协助的情况下由出发地驶向目的地。仅需起点和终点信息，汽车将全程负责行车安全，并完全不依赖驾驶员的干涉。行车时可以无人乘坐(如空车货运)。

SAE 与 NHTSA 的区别主要在于对完全自动驾驶级别的划分。SAE 将 NHTSA 的 L4 级细分为 L4 和 L5 两个级别。SAE 与 NHTSA 这两个分级标准的区别主要在于对完全自动驾驶级别的定义与划分。与 NHTSA 不同，SAE 将其包含的 L4 级再划分为 L4 和 L5 两个级别。SAE 的这两个级别都可定义为完全自动驾驶，即汽车已经能够独立处理所有驾驶场景、完成全部驾驶操作，完全不需要驾驶员的接管或介入。这两个级别仍存在区别，L4 级的自动驾驶通常适用于城市道路或高速公路这类场景；而 L5 级的要求更严苛，汽车必须在任何场景下做到完全自动驾驶。

SAE 的分级是大多数政府和企业使用的标准。美国交通运输部在 2016 年 9 月发布关于自动化汽车的测试与部署政策指引时，明确将 SAE International J3016 标准确立为自动驾驶汽车定义的全球行业参照标准。在此之后，来自全球各地的多家企业单位都认可并效仿该标准，评定和研发自身的自动驾驶产品。

2. SAE 分级的更新

随着汽车行业自动化系统技术的不断提升，为了更加正确地引导自动驾驶汽车行业的发展，SAE 对参照标准进行了多次更新。2018 年修订版 SAE J3016(TM)《标准道路机动车驾驶自动化系统分类与定义》进一步细化了每个分级的描述。

SAE 官方表示：SAE 对部分或全部动态驾驶任务(Dynamic Driving Task，DDT)的机动车驾驶自动化系统进行了多次描述，为汽车行业提供了一个分类标准，其中包含 6 个级别的驾驶自动化的详细定义，从无驱动自动化(L0 级)到全驱动自动化(L5 级)及其在道路上的操作。该等级适用于装配汽车在任何给定路况的操作情况下进行的自动驾驶。虽然给定的汽车可以配备或提供在不同级别下执行的驾驶自动化系统，但在任何给定情况下展现出来的自动化驾驶水平由一个或多个相应的技术状态和参数特征来决定。

SAE 该版本的标准中，提到了动态驾驶任务，并依据动态驾驶任务的执行者和具体内容来定义自动驾驶处于的级别，并认为驾驶中有三个主要的参与者：用户、驾驶自动化系统以及其他汽车系统和组件。

在该 SAE 版本中，诸如电子稳定控制和自动化紧急制动等主动安全系统，以及其他某些类型的驾驶员辅助系统（如车道保持辅助系统等），不在该驾驶自动化分类标准的范围之内。原因是它们并不是部分或全部动态驾驶任务的长期运行基础，它们仅在特殊情况下针对潜在的危险情况提供短暂干预。由于主动安全系统动作的瞬时特性，其干预措施不会改变或消除驾驶员或自动驾驶程序正在执行的部分或全部动态驾驶任务，因此这些不在自动化驾驶的范围之内。

另外，SAE 在本次更新中强调了防撞功能：包含干预型主动安全系统在内的防撞功能可以配置在具备有任何级别的行驶自动化系统的汽车中。对于执行完整 DDT 的自动驾驶系统（ADS）功能（即级别 L3～L5），防撞功能是自动驾驶系统功能的一部分。

3. 中国自动驾驶分级

中国对自动驾驶的分级首次出现在《中国制造 2025》的重点领域技术路线图中，其中将汽车按智能化和网联化两个发展方向进行分级。与 SAE 自动驾驶分级基本保持对应，SAE-China 将自动驾驶汽车分为 DA、PA、CA、HA、FA 共 5 个等级，考虑了中国道路交通情况的复杂性，加入了对应级别下智能系统能够适应的典型工况特征，如表 1.2 所示。

表 1.2　中国自动驾驶汽车分级

智能化等级	等级名称	等级定义	控制	监视	失效应对	典型工况
		人监控驾驶环境				
1	驾驶辅助（DA）	系统根据环境信息执行转向和加、减速中的一项操作，其他驾驶操作都由人完成	人与系统	人	人	车道内正常行驶，高速公路无车道干涉路段、停车工况
2	部分自动驾驶（PA）	系统根据环境信息执行转向和加、减速操作，其他驾驶操作都由人完成	人与系统	人	人	高速公路及市区无车道干涉路段，换道、环岛绕行、拥堵跟车等工况
3	有条件自动驾驶（CA）	系统完成所有驾驶操作，根据系统请求，驾驶人需要提供适当的干预	系统	系统	人	高速公路正常行驶工况，市区无车道干涉路段
4	高度自动驾驶（HA）	系统完成所有驾驶操作，特定环境下系统会向驾驶员提出响应请求，驾驶人可以对系统请求不进行响应	系统	系统	系统	高速公路全部工况及市区有车道干涉路段
5	完全自动驾驶（FA）	系统可以完成驾驶人能够完成的所有道路下的操作，不需要驾驶人介入	系统	系统	系统	所有行驶工况

关于网联化等级，中国根据网联通信内容的不同将其进行了如表 1.3 所示的划分。

表 1.3 网联化等级

网联化等级	等级名称	等级定义	控制	典型信息	传输需求
1	网联辅助信息交互	基于车-路、车-后台通信,实现导航等辅助信息的获取以及汽车行驶与驾驶人操作等数据的上传	人	地图、交通流量、交通标志、油耗、里程等信息	传输实时性、可靠性要求较低
2	网联协同感知	基于车-车、车-路、车-人、车-后台通信,实时获取汽车周边交通环境信息,与车载传感器的感知信息融合,作为决策与控制系统的输入	人与系统	周边汽车/行人/非机动车位置、信号灯相位、道路预警等信息	传输实时性、可靠性要求较高
3	网联协同决策与控制	基于车-车、车-路、车-人、车-后台通信,实时并可靠获取汽车周边交通环境信息及汽车决策信息,车-车、车-路等各交通参与者之间信息进行交互融合,形成车-车、车-路等各交通参与者之间的协同决策与控制	人与系统	车-车、车-路间的协同控制信息	传输实时性、可靠性要求最高

1.1.2 自动驾驶汽车关键技术

自动驾驶汽车技术涉及汽车、信息通信、交通等诸多领域,其技术架构较为复杂,可划分为以下技术方向:自动驾驶汽车涉及的汽车、设施关键技术,信息交互关键技术与基础支撑技术,如图 1.2 所示,具体解释如下。

(1) 环境感知技术:包括利用机器视觉的图像识别技术、利用雷达(激光、毫米波、超声波)的周边障碍物检测技术、多源信息融合技术、传感器冗余设计技术等。

(2) 智能决策技术:包括危险事态建模技术,危险预警与控制优先级划分、群体决策和协同技术、局部轨迹规划、驾驶员多样性影响分析等。

(3) 控制执行技术:包括面向驱动/制动的纵向运动控制、面向转向的横向运动控制、基于驱动/制动/转向/悬架的底盘一体化控制、融合车路协同(V2X)通信及车载传感器的多车队列协同和车路协同控制等。

(4) V2X 通信技术:包括汽车专用通信系统、实现车间信息共享与协同控制的通信保障机制、移动自组织网络技术、多模式通信融合技术等。

(5) 云平台与大数据技术:包括智能网联汽车云平台架构与数据交互标准、云操作系统、数据高效存储和检索技术、大数据的关联分析和深度挖掘技术等。

(6) 信息安全技术:包括汽车信息安全建模技术,数据存储、传输与应用三维度安全体系,汽车信息安全测试方法,信息安全漏洞应急响应机制等。

(7) 高精度地图与高精度定位技术:包括高精度地图数据模型与采集式样、交换格式和物理存储的标准化技术,基于 GNSS 如北斗等地基增强的高精度定位技术,多源辅助定位技术等。

（8）标准法规：包括 ICV 整体标准体系，以及涉及汽车、交通、通信等各领域的关键技术标准。

（9）测试评价：包括 ICV 测试评价方法与测试环境建设。

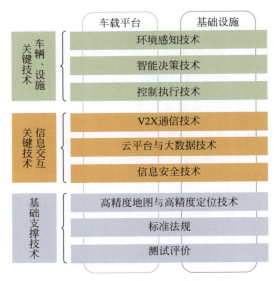

图 1.2　自动驾驶汽车关键技术框架

自动驾驶的核心体系可分为传感系统、决策系统、执行系统 3 个层次，分别可类比人类的感知器官、大脑以及四肢，如图 1.3 所示。其产业链涉及汽车、电子、通信、互联网、交通等多个领域，按照产业链上下游关系主要包括以下几种。

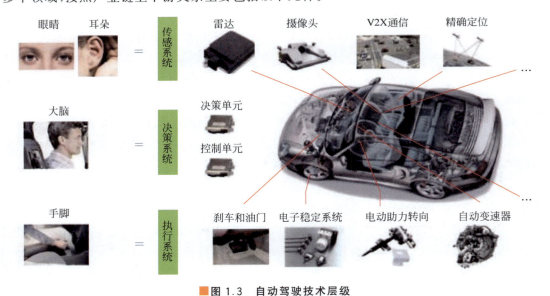

图 1.3　自动驾驶技术层级

（1）芯片厂商：开发和提供车规级芯片系统，包括环境感知系统芯片、车载计算芯片、通信芯片等。

（2）传感器厂商：开发和供应先进的传感器系统，包括摄像头、激光雷达、毫米波雷达、超声波雷达等。

（3）汽车电子/通信系统供应商：能够提供智能驾驶技术研发和集成供应的企业。

（4）整车企业：提出产品需求，提供智能汽车平台，开放汽车信息接口。

（5）平台开发与运营商：开发车联网服务平台，提供平台运营与数据挖掘分析服务。

（6）内容提供商：高精度地图、信息服务等的供应商。

1.2 自动驾驶汽车的规划与控制

1.2.1 概念与意义

自动驾驶汽车作为一个复杂的软硬件结合系统，其安全、可靠地运行需要车载硬件、传感器集成、感知、预测以及规划控制等多个模块的协同配合工作。感知预测和规划控制的紧密配合非常重要。这里的规划与控制（Planning&Control）在广义上可以划分成自动驾驶汽车路由寻径（Routing）、行为决策（Behavioral Decision）、运动规划（Motion Planning），以及控制（Control）等几个部分。

1.2.2 路径规划

路由寻径、行为决策、运动规划三个部分又可统称为路径规划，路径规划部分承接上层感知预测结果，从功能上可分为全局路径规划和局部路径规划。

1. 路由寻径介绍

全局路径规划对应的是路由寻径部分，其作用在简单意义上可以理解为实现自动驾驶汽车软件系统内部的导航功能，即在宏观层面上指导自动驾驶汽车软件系统的规划控制模块按照什么样的道路行驶，从而实现从起点到达终点。值得注意的是，这里的路由寻径虽然在一定程度上类似传统的导航，但其细节上紧密依赖于专门为自动驾驶汽车导航绘制的高精地图，和传统的导航有本质不同。它根据起点和终点信息，采用路径搜索算法找出一条最优（时间最短、距离最短等）路径。这种规划可以是行驶前离线的一次性进行，也可以在行驶中不断重规划。例如，在国家自然科学基金委组织举办的"中国智能车未来挑战赛"中，比赛组织方赛前提供比赛的路网定义文件（RNDF），各比赛队伍可以根据 RNDF 规划出全局期望路径。

作为整体自动驾驶汽车控制规划系统的最上游模块，路由寻径模块的输出严格依赖自动驾驶汽车高精地图（HD-Map）的绘制。在高精地图定义绘制的路网（Road Graph）的道路（Road）划分的基础上，以及在一定的最优策略定义下，路由寻径模块需要解决的问题是计算出一个从起点到终点的最佳道路行驶序列。可以把自动驾驶汽车在高精地图的 Road 级别寻径问题，抽象成一个在带权有向图上的最短路径搜索问题。路由寻径（Routing）模块首先会基于 Road 级别的高精地图，在一定范围内所有可能经过的 Road 上进行分散"撒点"，称这些点为 Road Point。这些点代表了对自动驾驶汽车可能经过的 Road 上的位置的抽样。这些点与点之间，由带权有向的边进行连接。Road Point 之间连接的权，代表了自动驾驶汽车从一个点行驶到另一个点的潜在代价（Cost）。在这样的带权有向图的问题抽象下，路由寻径问题常用的方法主要包括 A* 算法、Dijkstra 算法等。

2. 行为决策介绍

路由寻径模块产生的路径信息，直接被下游的行为决策模块所使用。行为层面的决策包括在道路上的正常跟车、在遇到交通灯和行人时的等待避让，以及在路口和其他汽车的交互通过等。举例来说，路由寻径要求自动驾驶汽车保持在当前车道(Lane)行驶，当感知到前方有一辆正常行驶的汽车时，行为决策的一个决定便很可能是下达跟车(Follow)命令。行为决策模块根据具体实现不同，在宏观上定义的输出指令集合也多种多样。实现行为决策模块的方法相对较多，而且没有非常严格的规则要遵循。实际上，在自动驾驶汽车系统设计中，行为决策模块有时被设计成独立的逻辑模块，有时其功能在某种程度上和下游的运动规划模块融合到了一起实现。正是因为行为决策和运动规划需要紧密协调配合，在设计实现两个模块时的一个重要的基本准则是，行为决策模块的输出逻辑需要和下游的运动规划模块逻辑配合一致。运动规划模块解决的是具体的自动驾驶汽车动作(Motion)的规划问题。其功能可以理解为，在一个较小的时空区域内，具体解决自动驾驶汽车从 A 点到 B 点如何行驶的问题。

行为决策层面利用了所有重要的环境信息，不仅包括了自动驾驶汽车本身的当前位置、速度、朝向，以及所处车道，还利用了自动驾驶汽车一定距离以内所有重要的与感知相关的障碍物信息。行为决策层需要解决的问题就是在知晓这些信息的基础上，决定自动驾驶汽车的行驶策略。这些信息具体包括以下几点。

(1) 所有的路由寻径结果：如自动驾驶汽车为了到达目的地，需要进入什么车道 (Target Road)。

(2) 自动驾驶汽车的当前自身状态：车的位置、速度、朝向，以及当前主车所在的车道、按照寻径路由需要进入的下一个车道等。

(3) 自动驾驶汽车的历史信息：在上一个行为决策周期，自动驾驶汽车所做出的决策是跟车、停车、转弯，还是换道等其他行为。

(4) 自动驾驶汽车周边的障碍物信息：自动驾驶汽车周边一定距离范围内的所有障碍物信息。例如，周围汽车所在的车道、邻近的路口有哪些汽车，它们的速度、位置如何，以及在一个较短的时间内它们的意图和预测的轨迹，周边是否有骑车人或者行人，以及他们的位置、速度、轨迹等。

(5) 自动驾驶汽车周边的交通标识信息。

(6) 当地的交通规则：例如，道路限速、是否可以红灯右拐等。

自动驾驶汽车的行为决策模块，就是要在上述所有信息的基础上，做出行驶的决策。在行为决策模块，自动驾驶汽车各部分的信息进行汇聚，信息类型复杂多样，且在不同驾驶场景下汽车需遵循的交通规则限制各具特点，行为决策模块需解决的问题难以抽象成简单的数学模型。

很多自动驾驶研究团队进行了自己的行为决策模块处理方法创新，例如利用一些软件工程来设计规则系统。在 DARPA 自动驾驶汽车竞赛中，斯坦福大学的自动驾驶汽车系统 Junior 利用一系列代价函数设计和有限状态机(Finite State Machine)来设计自动驾驶汽车的轨迹和操控指令。卡内基-梅隆大学(CMU)的自动驾驶汽车系统 Boss 则通过计算分析车道之间的空隙，并且按照一定规则和一些预设的阈值比较来决定换道这一行为的触发。

其他很多的参赛系统，如 Odin 和 Virginia Tech，也都利用了规则引擎来决定自动驾驶汽车的驾驶行为。Cardo 团队则结合了规则引擎和行为模型，建立了一个混合的自动驾驶汽车决策系统。越来越多的研究结果开始使用一些 Bayesian 模型对自动驾驶汽车行为进行建模。其中 MDP（Markov Decision Process）和 POMDP（Partially Observable Markov Decision Process）都是在学术界最为流行的自动驾驶汽车行为决策建模方法，本节将简单介绍几种基于 MDP 的自动驾驶汽车行为决策方式。虽然 MDP 类的非确定性概率模型在学术界渐渐流行，但认为基于规则的确定性行为决策系统仍然是目前工业界的主流。

3. 运动规划介绍

局部路径规划对应的是运动规划模块，以汽车所在局部坐标系为准，将全局期望路径根据汽车定位信息转化到汽车坐标中表示，以此作为局部参考路径，为局部路径规划提供导向信息。局部期望路径是无人驾驶汽车未来一段时间内的期望行驶路线，因此要求路径的每一点都可以表示汽车状态的信息。局部期望路径可以理解为无人驾驶汽车未来行驶状态的集合，每个路径点的坐标和切向方向就是汽车位置和航向，路径点的曲率半径就是汽车转弯半径。汽车在实际行驶中，位置、航向和转弯半径是连续变化的，那么生成的路径也要满足位置、航向和曲率的连续变化。局部路径规划的作用是基于一定的环境地图寻找一条满足汽车运动学、动力学约束和舒适性指标的无碰撞路径。规划出来的局部路径必须具备对全局路径的跟踪能力与避障能力，如基于路径生成与路径选择的局部路径规划方法，路径生成中完成了对全局路径的跟踪，路径选择完成了障碍分析。

事实上，由于汽车只在二维空间中运动，在机器人运动规划问题中，自动驾驶汽车运动规划相对简单。普通机器人需进行的运动和姿态控制十分复杂，与之相比，基于传统汽车领域的研究成果，自动驾驶汽车只需基于方向盘、油门、刹车的控制输入来对其行驶轨迹进行物理建模，因而复杂性大大降低。随着自动驾驶领域研究深度的不断拓展，自动驾驶汽车运动规划问题逐渐演变成相对独立的模块。人们首先基于不同场景对运动规划问题进行研究，例如城市道路工况、停车倒车工况及其他特定区域的特定工况等。基于这些研究的成果与经验，运动规划模块问题的本质得以被提炼：在一定约束条件下，完成某个区域或范围内时间、空间状态下的路径、速度优化，或称之为汽车在一定时间、空间内的行驶轨迹优化。其中，得到的轨迹包含了时间、汽车姿态、位置等各方面信息。具体而言，包括汽车到达每个位置时的时间、该位置上的行驶速度、加速度、曲率、曲率的高阶导数等以及其他与时间相关的运动变量信息。基于对汽车实际运行轨迹的分析，人们发现汽车行驶轨迹总是类似螺旋线的平滑曲线簇，因此运动规划问题又可转换为二维平面上的时空曲线优化问题。

为了了解所处的周围路况环境并做出行为决策，行为决策模块需要感知和地图定位的输出作为输入。由于行为决策和运动规划模块的紧密联系，一般在系统设计时，也会同样让感知和地图定位结果接入运动规划模块。这样相对冗余的设计的好处有两点：一方面，如果仅仅依赖行为决策模块传递感知结果，那么在行为决策模块计算完成后出现的新感知物体将会被忽略，给自动驾驶汽车的安全带来隐患；二是如果行为决策模块出现了问题，这时的运动规划虽然没有了对交规和四周环境行为层面的决策，但仍然拥有感知和地图完整信息，也能实现最基本的避让，提高自动驾驶汽车的安全性。

常用的路径规划算法可分为基于采样的路径规划算法以及基于地图的路径搜索算法两

大类,每类路径规划算法又都包含一系列算法。基于采样的搜索算法很早便开始用于汽车路径规划,比较常见的基于采样的搜索算法有概率图(Probabilistic Road Map,PRM)算法和快速探索随机树(Rapidly-exploring Random Tree,RRT)算法。概率图算法使用局部规划算法建立随机状态之间的连接关系,从而抽象出概率图,对于确定的起始状态和目标状态,它只需要快速地搜索概率图便可获得路径。快速探索随机树算法由 LaValle 和 Kuffner 提出,它最初专用于解决运动学约束的路径规划问题。由于 RRT 算法在状态空间采用随机采样的结点,不需要太快的搜索速度,尤其在高维规划空间中搜索速度优势尤为明显,因此这种方法作为一种快搜索方法在路径规划领域获得了广泛应用。早期主要采用单向 RRT 算法进行搜索,为了进一步提高搜索速度及保证算法的完备性,提出了双向 RRT 算法和偏向 RRT 算法。

基于地图的搜索算法通常采用单元分解法或者道路图法建立环境模型,它通过搜索环境信息的环境地图获得最终路径。在这类搜索方法中,比较有代表性的有深度优先搜索(Depth-First Search,OFS)算法、广度优先搜索(Breadth-First Search,BFS)算法、迭代加深搜索(Iterative-Deepening Search,IDS)算法、等代价搜索(Uniform Cost Search,UCS)算法和启发式搜索(Heuristic Search,HS)算法等。深度优先搜索、广度优先搜索、迭代加深搜索和等代价搜索算法使用了回溯技术实施搜索,它从起始状态出发沿着树的深度,遍历树的结点,尽可能深地搜索树的分支,直至要么到达目标状态,要么到达一个搜索终止点。如果发现了目标状态,它退出搜索并返回解路径;如果到达的是一个搜索终止点,那么它将回溯到路径上含有未搜索过的结点的临近结点,并沿着这个分支继续搜索下去。因此,这类算法比较适合于解决环境中结点数目较少情况下的路径搜索问题,当结点数目比较多时,算法搜索速度慢、效率低。而启发式搜索算法在决定结点扩展顺序的估价函数中引入了启发值,即当前结点状态到目标状态之间的估计消耗,从而引导搜索朝向目标状态的方向,避免了盲目搜索,有助于提高算法的搜索效率,因而启发式搜索算法越来越广泛地应用于路径规划。

1.2.3 自动驾驶汽车控制

规划控制最下层的模块是自动驾驶控制模块。这是一个直接和自动驾驶汽车底层控制接口 CAN-BUS 对接的模块,其核心任务是消化上层运动规划模块的输出轨迹点,通过一系列结合车身属性和外界物理因素的动力学计算,转换成对汽车控制的油门、刹车,以及方向盘信号,从而尽可能地控制汽车去实际执行这些轨迹点。反馈控制模块主要涉及对汽车自身控制,以及和外界物理环境交互的建模。

路由寻径、行为决策、动作规划和反馈控制四个模块便是自动驾驶汽车规划控制软件系统的最主要的功能模块。这种按照功能模块的划分方法,非常有效地将自动驾驶汽车规划控制这样一个复杂的问题按照计算逻辑从抽象到具体做出了非常合理的切分。这样的划分使得每个模块可以各司其职专注解决本层次的问题,使得复杂软件系统的开发工作可以实现并行化和模块化,大大提高了开发效率,这是这一划分方法的优势所在。当然随之而来的问题便是模块之间的协调一致问题,其中最重要的便是模块之间计算结果的一致性问题。本质上,行为决策、运动规划和反馈控制都是在不同层面解决同一个问题,同时它们之间由于上下游关系的存在,其计算结果又互相依赖,所以在具体设计实现各个模块时的一个最重要的准则便是尽可能保证计算结果的一致性和可执行性。行为决策模块在做出决定时,要尽可能保证前后一致且最大可能地让下游运动规划可以执行。运动规划的轨迹速度也应当严格控制在下游反馈控制可以执行的范围内。

1.3 规划控制中的机器学习基本思想

机器学习算法大致可以分为三种：监督学习（如回归、分类），非监督学习（如聚类、降维）和强化学习，如图 1.4 所示。

1. 强化学习

当前应用于自动驾驶规划与过程中最热门的机器学习方法为强化学习。强化学习是近年来机器学习和智能控制领域的主要方法之一。其定义为：Reinforcement learning is learning what to do—how to map situations to actions—so as to maximize a numerical reward signal. 强化学习关注的是智能体如何在环境中采取一系列行为，从而获得最大的累积回报。一个智能体应该知道在什么状态下应该采取什么行为。强化学习是从环境状态到动作的映射的学习，通常把这个映射称为策略（Policy）。

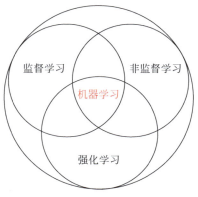

■ 图 1.4 机器学习算法分类

强化学习中经常用到的术语如下。

(1) Agent：指训练当中的个体，即训练的算法和参数的集合。

(2) Environment：指 Agent 所处的环境。

(3) Episode：指一个完整的训练的阶段。从一次训练开始，到这次训练成功或者失败结束，是一个 Episode。

(4) Step：指一个 Episode 当中的操作，每采取一次操作，就是一个 Step。

(5) State：指 Agent 在每个时刻所面临的状态。

(6) Action：指采取的操作究竟是什么。

(7) Value：指当前时刻所能采取的各个动作所具有的价值。

在强化学习中，Agent 是具有明确的目标的，所有的 Agent 都能感知自己的环境，并根据目标来指导自己的行为，因此强化学习的另一个特点是它将 Agent 和与其交互的不确定的环境视为是一个完整的问题。在强化学习问题中，有四个非常重要的概念。

(1) 策略（Policy）。

Policy 定义了 Agent 在特定的时间、特定的环境下的行为方式，可以视为是从环境状态到行为的映射，常用 π 来表示。Policy 可以分为两类：确定性的 Policy（Deterministic Policy），$a = \pi(s)$；随机性的 Policy（Stochastic Policy），$\pi(a|s) = P[A_t = a | S_t = t]$，其中，$t$ 是时间点，$t = 0, 1, 2, \cdots, S_t \in S$，$S$ 是环境状态的集合，S_t 代表时刻 t 的状态；$A_t \in A(S_t)$，A 是在状态 S_t 下的行为的集合，A_t 代表时刻 t 的行为。

(2) 回报信号（Reward Signal）。

Reward 就是一个标量值，是每个 Time Step 中环境根据 Agent 的行为返回给 Agent

的信号,Reward 定义了在该情景下执行该行为的好坏,Agent 可以根据 Reward 来调整自己的 Policy。Reward 常用 R 来表示。

(3) 值函数(Value Function)。

Reward 定义的是当下的收益,而 Value Function 定义的是长期的收益,它可以看作是累计的 Reward,常用 v 来表示。

(4) 环境模型(Model of the Environment)。

整个 Agent 和 Environment 交互的过程可以用图 1.5 来表示。

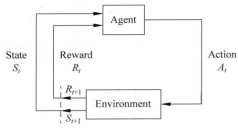

图 1.5 Agent 与 Environment 交互的过程

2. 监督学习

监督学习是从一个已经标记的训练集中进行学习,训练集中每一个样本的特征可以视为是对该情景的描述,而其标记可以视为是应该执行的正确的动作。有监督的学习不能学习交互的情景,因为在交互的问题中获得期望行为并不实际,Agent 只能从自身经历(Experience)中进行学习,而自身经历中采取的行动一定是最优的。这时利用强化学习就非常合适,因为强化学习不是利用正确的行为来指导,而是利用已有的训练信息来对行为进行评价。

3. 非监督学习

非监督学习的目的可视为从一堆未标记样本中发现隐藏的结构,而强化学习的目的是最大化 Reward Signal。

总而言之,强化学习与其他机器学习算法不同的地方在于:其中没有监督者,只有一个 Reward 信号;反馈是延迟的,不是立即生成的;时间在强化学习中具有重要的意义;Agent 的行为会影响之后一系列的 Data。

下面将强化学习与其他机器学习算法进行比较。

强化学习采用的是边获得样例、边学习的方式,在获得样例之后更新自己的模型,利用当前的模型来指导下一步的行动,下一步的行动获得 Reward 之后再更新模型,不断迭代重复直到模型收敛。在这个过程中,非常重要的一点在于"在已有当前模型的情况下,如何选择下一步的行动才对完善当前的模型最有利",这就涉及强化学习中的两个非常重要的概念:探索(Exploration)和开发(Exploitation)。探索是指选择之前未执行过的动作,从而探索更多的可能性;开发是指选择已执行过的动作,从而对已知动作的模型进行完善。

下面有两个例子帮助理解强化学习的过程。

例如,在互联网上流行的 *Flappy Bird* 游戏过程中,希望让小鸟自行进行游戏,此时没有小鸟的动力学模型,也不打算了解它的动力学原理。如何实现自行游戏的过程呢?可以设计一个强化学习算法,然后让小鸟不断地进行游戏,如果小鸟撞到柱子了,那就获得 -1 的激励,否则获得 0 激励。通过这样的若干次训练,最终可以得到一只飞行技能高超的小鸟,它知道在什么情况下采取什么动作来躲避柱子。

另外一个例子,假设要构建一个下国际象棋的机器,此时不能使用监督学习。首先,请象棋老师来遍历每个状态下的最佳棋步的代价过于昂贵;其次,每个棋步好坏的判断不是孤立的,要依赖于对手的选择和局势的变化。一系列的棋步组成的策略决定了是否能赢得比赛。下棋过程唯一的反馈是在最后赢得或是输掉棋局时才产生的。这种情况也可以采用强化学习算法,通过不断的探索和试错学习,强化学习可以获得某种下棋的策略,并在每个状态下都选择最有可能获胜的棋步。目前这种算法已经在棋类游戏中得到了广泛应用。

可以看到,强化学习和监督学习的区别主要有以下两点。

(1) 强化学习是试错学习(Trial-and-Error),由于没有直接的指导信息,智能体要不断与环境进行交互,通过试错的方式来获得最佳策略。

(2) 延迟激励。强化学习的指导信息很少,而且往往是在事后(最后一个状态)才给出,这就导致了一个问题:在获得正激励或者负激励以后,如何将激励分配给前面的状态。

1.4　本章小结

本章简要介绍了自动驾驶汽车的基本概念、关键技术和全球总体发展趋势,自动驾驶产业正处在一个快速成长期,自动驾驶领域的竞争分秒必争;接着介绍了自动驾驶汽车的规划与控制基本概念、分类及相关概念;最后简要介绍了规划控制中应用到的机器学习相关内容,为学习后续章节的内容打下基础。

参考文献

[1]　陈卓,等. 智能汽车决战 2020[M]. 北京:北京理工大学出版社,2018.

[2]　刘少山,唐洁,吴双,等. 第一本无人驾驶技术书[M]. 北京:电子工业出版社,2017.

[3]　王泉. 从车联网到自动驾驶[M]. 北京:人民邮电出版社,2018.

[4]　2018 年全球自动驾驶汽车行业市场发展趋势预测[EB/OL].(2018-04-25)[2019-04-06]. http://www.chyxx.com/industry/201804/634216.html.

[5]　英媒:首款真正自动驾驶汽车上路行驶[EB/OL].(2017-11-15)[2019-04-06]. http://www.cnii.com.cn/wlkb/rmydb/content/2017/11/15/content_2012784.html.

[6]　没什么存在感的欧洲,又要错过自动驾驶这场大变革吗[EB/OL].(2018-12-10)[2019-04-06]. https://www.leiphone.com/news/201809/opIbIAKkTKCQWt5f.html.

[7]　日本自动驾驶汽车政策概述[EB/OL].(2018-10-30)[2019-04-06]. http://www.istis.sh.cn/list/list.aspx?id=11633.

[8]　真正控制自动驾驶汽车市场三大巨头,却如此的低调[EB/OL].(2017-06-21)[2019-04-06]. https://www.sohu.com/a/150811199_202311.

[9]　自动驾驶技术的发展历史:它究竟是从哪里开始的? 又是如何发展的呢[EB/OL].(2018-09-03)[2019-04-06]. http://m.elecfans.com/article/760433.html.

[10]　自动驾驶平台盘点[EB/OL].(2018-09-25)[2019-04-06]. https://mp.weixin.qq.com/s/K1pEvzyQLgcJm0suV908-g.

[11]　11 家自动驾驶平台盘点[EB/OL].(2018-02-07)[2019-04-06]. https://mp.weixin.qq.com/s/Q4B_JbJZZq9YlNCrV3Cl9g.

[12]　最新自动驾驶分级标准 SAE J3016 详解[EB/OL].(2018-08-08)[2019-04-06]. https://www.

sohu. com/a/245935078_560178.

[13] SAE 更新自动驾驶分级[EB/OL]．(2018-07-04)[2019-04-06]．https://www. sohu. com/a/239224891_492540.

[14] 国家制造强国建设战略咨询委员会．《中国制造2025》重点领域技术创新绿皮书[M]．北京：电子工业出版社，2016.

[15] 智能网联汽车技术的发展现状及趋势[EB/OL]．(2017-10-23)[2019-04-06]．https://mp. weixin. qq. com/s/uQVPqLbfsVNnvprGiCQB-Q.

[16] SAE 自动驾驶分级标准自动化系统分类与定义重新修订的资料概述[EB/OL]．(2018-07-10)[2019-04-06]．http://www. elecfans. com/d/708369. html.

[17] 李克强，戴一凡，李升波，等．智能网联汽车(ICV)技术的发展现状及趋势[J]．汽车安全与节能学报，2017,8(01)：1-14.

[18] 权威发布：中国人工智能学会智能驾驶白皮书[EB/OL]．(2017-10-26)[2019-04-06]．http://www. sohu. com/a/200650347_99919085.

[19] 三个方面阐述了常用的无人驾驶避障方法[EB/OL]．(2018-05-11)[2019-04-06]．http://www. elecfans. com/d/675879. html.

[20] 过去自动驾驶技术分级遭吐槽？SAE 刚刚将分级标准更新了[EB/OL]．(2018-06-26)[2019-04-06]．http://www. cnhan. com/html/tech/20180626/829523. htm.

[21] SAE 更新自动驾驶分级，主动安全系统不再影响分级[EB/OL]．(2018-06-29)[2019-04-06]．http://tech. ce. cn/news/201806/29/t20180629_29570846. shtml.

[22] 无人驾驶的分级以及产品化后会带来的改善[EB/OL]．(2017-05-24)[2019-04-06]．https://blog. csdn. net/broadview2006/article/details/72672984.

[23] 自主可控目标明确 2025年形成新能源汽车完整产业链[EB/OL]．(2015-12-29)[2019-04-06]．http://www. chinaequip. gov. cn/2015-12/29/c_134961147. htm.

[24] 重庆将建自动驾驶示范路线 自动驾驶分级看这里-华龙新版首页-华龙网[EB/OL]．(2017-12-08)[2019-04-06]．http://car. cqnews. net/html/2017-12/08/content_43434001. htm.

[25] 梁敏健．智能车行车环境视觉感知关键技术研究[D]．西安：长安大学，2017.

[26] 蒋键．智能汽车越野环境路径规划[D]．北京：北京理工大学，2016.

[27] 许凯．高速行驶工况下智能汽车转向系统混杂控制研究[D]．合肥：合肥工业大学，2018.

[28] 韩中海．复合工况下智能汽车的局部路径规划[D]．重庆：重庆理工大学，2018.

[29] 庞俊康．基于综合信息感知的智能汽车轨迹规划的研究[D]．重庆：重庆交通大学，2018.

[30] 增强学习(Reinforcement Learning)[EB/OL]．(2017-06-20)[2019-04-06]．https://blog. csdn. net/sun29_2007/article/details/73500717.

[31] 人工智能机器学习之强化学习——人工智能[EB/OL]．(2018-05-30)[2019-04-06]．http://www. elecfans. com/rengongzhineng/672862. html.

[32] 李潇．基于端到端与案例推理混合模式的对话系统[D]．武汉：武汉科技大学，2018.

[33] 崔宪坤．基于循环神经网络和增强学习的对话情感模型研究[D]．北京：北京工业大学，2018.

[34] 增强学习（一）——概念[EB/OL]．(2014-01-11)[2019-04-06]．https://www. cnblogs. com/jinxulin/p/3511298. html.

[35] 无人驾驶汽车明年亮相，将测试从北京行驶到天津[EB/OL]．(2012-11-07)[2019-04-06]．http://wap. classic023. com/newsinfo-67077. html.

[36] 什么是无人驾驶汽车[EB/OL]．(2012-10-19)[2019-04-06]．https://www. keyunzhan. com/knews-334591/.

[37] 发改委发布《智能汽车创新发展战略》(征求意见稿)[EB/OL]．(2018-01-05)[2019-04-06]．http://

www.yidianzixun.com/article/0I4AvGJT.

[38] 无人驾驶汽车路径规划概述[EB/OL].(2019-03-21)[2019-04-06]. https://chejiahao.autohome.com.cn/info/3485689/.

[39] 柳超然.基于车道级地图的智能汽车任务规划及轨迹生成[D].北京:清华大学,2017.

[40] 节能与新能源汽车技术路线图战略咨询委员会,中国汽车工程学会.节能与新能源汽车技术路线图[M].北京:机械工业出版社,2018.

第 2 章　全局路径规划

2.1　全局路径规划概述

全局路径规划完成类似于人类驾驶员在驾驶过程中对路径规划的工作,是自动驾驶汽车核心的任务之一。路径规划模块需要收集来自定位、感知、数据库等一系列基础模块的数据,并对这些数据进行综合评估,给出在限定条件下的最优路径规划。路径规划是汽车完成驾驶决策及进一步运动的基础,其在整个自动驾驶系统的框架中是必不可少且至关重要的部分。图 2.1 所示为自动驾驶汽车的全局路径规划示意图。

■图 2.1　自动驾驶汽车的全局路径规划示意图

路径规划就是根据给定的环境模型,在一定的约束条件下,规划出一条连接汽车当前位置和目标位置的无碰撞路径。自动驾驶汽车路径规划从功能上可分为全局路径规划和局部路径规划。自动驾驶汽车的全局路径规划,简单来说,可以理解为实现自动驾驶汽车软件系统内部的导航功能,即在宏观层面上指导自动驾驶汽车软件系统的控制规划模块按照什么样的道路行驶,从而引导汽车从起始点到达目的地。值得注意的是,这里的全局路径规划虽然一定程度上类似于传统的导航,但其在细节上紧密依赖于专门为自动驾驶汽车导航绘制的高精地图,使其与传统的导航有本质不同。

全局路径规划的目标是根据已知电子地图和起点、终点信息,采用路径搜索算法生成一条最优化的(时间最短、路径长度最短等)全局期望路径。这种规划可以在行驶前离线进行,也可以在行驶中不停地重规划。以国家自然科学基金委组织举办的"中国智能车未来挑战赛"为例,比赛组织方赛前提供了比赛的路网定义文件(RNDF),各比赛队伍可以根据 RNDF 规划出全局期望路径。全局路径规划中,规划路径以全局的大地坐标系为参考,因此全局期望路径也是以全局坐标的形式给出。全局规划的作用在于产生一条全局路径指引汽车的前进方向,避免汽车盲目地探索环境。在规划全局路径时,不同的环境下常常会选择不同的择优标准。在平面环境中,通常以路径长度最短或时间最短为最优标准,城市环境下的全局路径规划甚至要参考道路施工和拥堵情况、天气等因素。在越野环境的全局路径规划中,经常以"安全性"为最优标准,在使用该标准时要考虑路径可行宽度和路面平整度来充分保证汽车的运行安全。

全局路径规划产生的路径信息,直接被下游的行为决策模块所使用。这里的行为决策模块,可以直观地理解成自动驾驶汽车的"副驾驶"。行为决策接收全局路径规划的结果,同时也接收感知、预测和地图信息。综合这些输入信息,行为决策模块在宏观上决定了自动驾驶汽车如何行驶。这些行为层面的决策包括在道路上的正常跟车或者变道、在遇到交通灯和行人时的等待避让,以及在路口和其他汽车的交互通过等。例如,全局路径模块要求自动驾驶汽车保持在当前车道(Lane)行驶,当感知到前方有一辆正常行驶的汽车时,行为决策的一个决定便很可能是下达跟车(Follow)命令。行为决策模块根据具体实现不同,在宏观上定义的输出指令集合也多种多样。

2.2 车用地图与导航技术

自动驾驶汽车需要知道的环境信息可以划分为两部分:一部分是相对固定的环境信息,如车道、周边建筑等不会即时变化的要素;另一部分是会发生瞬时变化的交通组成部分,类似其他交通参与者、天气等。对于前者,一般要提前采集后写到地图中去,即自动驾驶汽车使用的高精车用地图,再与传感器的探测结果结合使用,而后者,一般由汽车自带传感器完成即时感知。

那么自动驾驶所需的地图是什么样呢?SAE 把自动驾驶按照 L0~L5 分级,不同级别自动驾驶汽车对地图的要求是不同的。对此有学者认为:

(1) 对于自动驾驶 L1~L2 级,米级精度的 ADAS 地图就足以满足功能需要,并且汽车是否配备地图也只是一个选项,并不强制要求。

(2) 对于自动驾驶 L3 级,需要 ADAS 地图和高精地图,大部分需要达到米级精度,部分区域应达到厘米级。部分情况下地图可以作为选项,对于一些必须用到的情况,地图要强制搭载。

(3) 对于 L4~L5 级的自动驾驶汽车,它将行驶在一个虚拟城市中,这个城市是基于地图构建的,而且精度一定要达到厘米级。

图 2.2 与图 2.3 展示了高精地图在高级别自动驾驶汽车中的应用场景。

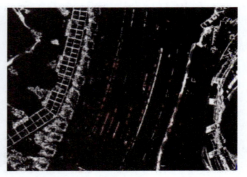

■图 2.2　激光点云与高精地图特征点匹配

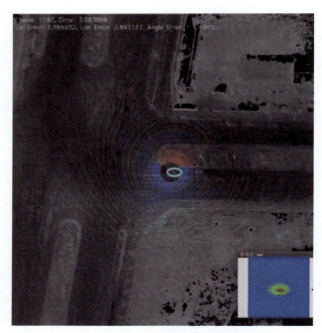

■图 2.3　基于高精地图的汽车定位

2.2.1　车用高精地图

高精地图作为无人驾驶领域的稀缺资源以及必要数据基础,在整个领域扮演着核心角色。高品质的高精地图可以帮助汽车预先感知路面复杂信息,如坡度、曲率、航向等,结合智能路径规划,让汽车做出正确决策。

跟人类驾驶员的驾驶过程一样,自动驾驶也需要经过感知、高精定位、决策、控制四个步骤。人类驾驶员通过将看到、听到的环境信息与记忆中的信息对比,判断出自己的位置和方向,而自动驾驶汽车则需要将传感器搜集的信息跟存储的高精地图对比,判断位置和方向。在自动驾驶过程中,高精地图结合高精定位,有效地支撑了环境感知、决策与规划等功能的实现。图 2.4 所示为百度 Apollo 高精地图。

■ 图 2.4　百度 Apollo 高精地图

高精地图与现在常见的导航地图(如车载导航地图)相比有很大不同,主要体现在使用者不同、用途不同、所属系统不同、要素和属性不同。导航地图的使用者是人,用于导航、搜索路线。而高精地图的使用者是计算机,用于高精定位、辅助环境感知、决策与规划。因此导航地图在车内属于车载信息娱乐系统,带显示屏,而高精地图是自动驾驶系统的一部分,不需要通过屏幕进行展示。要素跟属性方面,导航地图仅包含简单道路线条、信息点(POI)、行政区划边界,而高精地图包含详细道路模型,包括车道模型、道路部件、道路属性和其他的定位图层。表 2.1 对导航地图与高精地图做出了详细对比。

表 2.1　导航地图与高精地图对比

	导 航 地 图	高 精 地 图
使用者	人	计算机
用途	导航、搜索、可视化	高精定位,辅助环境感知、规划与决策
所属系统	驾驶辅助系统	自动驾驶系统
要素和属性	简单道路线条、信息点、行政区域划分	详细道路模型(包括车道模型、道路部件、道路属性)

高精地图大致上可以理解为存在两个层级:最底层的是静态高精地图;上层是动态高精地图。静态高精地图中包含了车道模型、道路部件、道路属性和其他的定位图层,这是现阶段图商重点在做的工作。首先高精地图要满足车道级的自动驾驶导航,因此需要包含道路细节信息,如车道线、车道中心线、车道属性变化等,如能让汽车知道哪些区域是虚线,能够变道。车道模型中还需要包含道路的曲率、坡度、航向、横坡等数据信息,使汽车能够准确地转向、制动、爬坡等。这些信息构成了车道模型。此外,地图还需要包含交通标志牌、路面标志等道路部件,还要标注出特殊的点,如 GPS 消失的区域等。

在静态高精地图上,还需要增加动态高精地图,如道路拥堵情况、施工情况、是否有交通事故、交通管制情况、天气情况等动态交通信息。由于路网每天都有变化,如整修、道路标识线磨损及重漆、交通标志改变等,这些变化需要及时反映在高精地图上以确保自动驾驶汽车行驶安全。实时高精地图有很高的难度,但随着越来越多载有多种传感器的自动驾驶汽车行驶在路网中，一旦有一辆或几辆自动驾驶汽车发现了路网的变化，通过与云端通信，便可以把路网更新信息告诉其他自动驾驶汽车，使其他自动驾驶汽车更加"聪明"和安全。

结合使用场景，自动驾驶汽车与地图的结合会存在两种模式：一种是弱地图模式，地图只用来作为寻路和简单的定位辅助，其他还是靠汽车传感器做环境感知；另一种是强地图模式，此时的地图是一个重要的传感器，各种传感器感知到的信息都会融合到地图中来，成为一种数据基础。而自动驾驶的 L4、L5 级一定是强地图模式。

具体到地图由哪些部分组成，有学者提出了一种地图多分层模式，即不同的图层会帮助对应到自动驾驶汽车所需完成的不同任务，如图 2.5 所示。

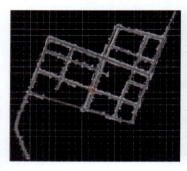  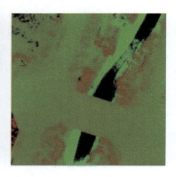

图 2.5 高精地图的不同分层

最底层是道路模型，包含道路信息。自动驾汽车从出发地到目的地的任务规划就可以在这一层完成，这一层也被称为宏观地图层。往上一层是车道层，宏观任务完成后，智能车还需要确定自己每时每刻位于哪个车道，为自动驾驶汽车给出局部路段的车道级任务点。在车道信息和道路层之间存在一个连接层，主要负责解决怎么把任务从道路级降维到车道级上去，并且汽车轨迹要符合汽车动力学模型。再往上的驾驶辅助层会叠加传感器获得的周围障碍物信息，把感知到周围的人、车、物都放到地图里来，构建出一个虚拟的三维场景，于是车就知道可以走哪里，不能走哪里。

因此总结起来，高精地图需要提供的功能十分丰富。它需要像导航地图一样辅助汽车随时调整通行方案，提供超出传感器视距的道路信息，帮助汽车更快、更高效地到达目的地；可以在具体路段提供操控建议，减轻汽车传感器的负担，甚至在部分传感器失效时，高精地图因为本身自带部分障碍物信息，可以成为最后安全防线的一部分，辅助汽车最大限度地采取安全措施。

并且从长远考虑，做高精地图就是做标准建设。发展到 L4～L5 级自动驾驶系统后，驾驶辅助层需要统一物体在地图中的表达形式，如定义地图时需要用三维数据表达标准，有了这个标准，无论何种地图信息，自动驾驶算法都可以用统一的参数来表达障碍物信息。

现阶段高精地图还处于研发状态，技术、标准与产品均不明晰。在技术方面，测绘采集、数据标定、内容生成、数据更新，每个阶段都存在各自的难题，并且测绘采集受到多方因素的影响，交通状况就是其中之一。恶劣的交通状况会使得能够采集的有效时间大幅缩短，从而导致采集到的数据量大打折扣。另外，激光雷达扫描技术与定位技术也是个门槛。如果在采集过程中精度不达标，则会出现重复采集工作。

在地图制作方面，如果单纯依靠人工操作，工作量将非常巨大。目前百度便使用深度学习的方法处理地图采集后获得的原始数据。但现在的高精地图还没有办法做到完全自动化,人工标定依然占据重要成分,后续在技术层面还存在很大的优化空间。

地图的大小和存储也是高精度地图的一大难题。高精度地图信息在经过向量化等处理之后,每千米的地图数据虽然尽可能地大幅度压缩,但是随着采集范围的增加,总千米数一直在增加,数据量也会变得越来越庞大,需要合理分配汽车的本地化存储内容。

高精地图是自动驾驶必备的条件之一已经成为行业共识,但是自动驾驶需要什么样的高精地图、里面需要包含哪些数据,却并没有定论。这些问题都需要在与车企的合作过程中去逐一确定,找到需求。在这个过程中,同时还要去寻找合适的更新数据方式。一方面是在采集到的数据中提取更多的元素,另一方面则是道路和交通环境本身变更所带来的更新。

值得一提的是,高精地图的采集除了要尽可能地扩大覆盖率、丰富特征物信息,更重要的一个指标是地图的鲜活度。因此对高精地图而言,众包采集的模式更加适合地图更新。如 Mobileye 的道路经验管理系统(Road Experience Management,REM),就借助汽车传感器采集路上的各种导流标志、方向标识、信号灯等,依靠这些建立的路标,再通过上传云端、信息比对更新、下发汽车的方式来更新地图信息。目前,宝马、奔驰、日产、通用、大众等主机厂都加入了数据匿名分享的队伍。

我国主要由几个具有领先优势的地图服务提供商进行高精地图的发展和采集建立。在我国,获得甲级测绘资质的专业测绘单位才能进行高精地图的采集,地图资源具有本土性,因此我国本土企业有很大的优势。目前国内多家地图服务提供商都制定了高精地图的发展路线图,并给出了相应的时间表。

(1)百度。截止到 2017 年 1 月,百度高精地图的覆盖率大于 10 000km,包含中国的高速公路和城市快速路。相对精度达到 10cm、20cm,绝对精度达到 60cm,生产过程中有高达 90% 的自动化率。百度的高精地图真正应用到智能车取决于主机厂产品规划。图 2.6 所示为百度高精地图采集车。

图 2.6 百度高精地图采集车

(2)高德。2016 年年底完成 280 000km 的全国高速公路的自动驾驶级别的高精地图(Highly Automated Driving,HAD)的制作,获取全国国道、省道的 ADAS 级别高精地图数据;2017 年年底 ADAS 级别数据扩展到 30 多座城市的主干路,HAD 级别已向国道、省道和主要城市内部扩展。

(3)四维图新。2016 年年底,可以提供覆盖全国高速公路的高精地图;2017 年年底,提供支持至少 20 个城市的 L3 级高精地图；在 2019 年，一方面完成 L3 级所有城市高精地图的制作和采集，另一方面开始 L4 级高精地图的制作。

随着大数据技术的应用，在高精地图的争夺战中，滴滴公司旗下的滴图(北京)科技有限公司在 2017 年 11 月获得了第 14 张导航电子地图制作的甲级测绘资质。滴图科技的诞生意味着更加激烈的商业竞争，足见高精地图对于自动驾驶未来的重要性。滴滴平台上拥有的汽车足以覆盖全国大多数地区，在众包采集更新地图方面有其他图商难以比拟的优势。未来哪怕只有运营汽车的 1/10 用于众包，其数据量也是不可想象的。众包汽车的配置会决定回传哪些数据，决定更新哪些地图要素，未来滴滴公司就有能力参与到定义汽车的环节中去，利用自动驾驶功能和地图测绘结合，实现最终的理想更新模式。但是目前滴滴公司在传感器以及自动驾驶底层技术上的沉淀与百度公司还存在很大的距离，其在自动驾驶汽车领域的发展，仍有许多基础工作需要进一步完善。

不过，高精地图也不是一家公司"领头"研发就可以完成的事情，首先在规模与资金上，高精地图的内外作业需要大量的人力、物力来推动以及维持，而且配置了激光扫描设备的采集车成本也颇高，最低也需要近百万元的投入；再联系上面提到的各类技术问题，以及标准问题，图商与车企、政府部门、其他汽车行业供应商共同合作开发势在必行。

2.2.2 高精地图与汽车导航

目前常用于民用汽车导航系统的基础构架是结合使用全球定位系统(GPS)和电子地图提供导航功能，在实际导航系统中集成了导航功能、语音视频功能和人机交互等功能，可以连接各种不同的装置，并且以后很可能会集成更多的元素和功能。图 2.7 所示为汽车导航系统的整体架构。

汽车导航系统已经走过了几十年的发展历程，1981 年开始出现汽车内置导航系统，到 1985 年已经有使用电子地图的商业导航系统；1987 年使用了地磁传感器和 CD-ROM 的行为推算型汽车导航系统并在其中使用了地图匹配技术；1990 年出现了带 CD-ROM 装置的 GPS 导航系统；1997 年，地图相关的信息存储从 CD-ROM 转换为 DVD-ROM，实现音频/视频一体化导航；2000 年，美国对民用 GPS 的性能进一步提升，使 GPS 能够获取更加准确的定位，进一步推动 GPS 导航系统的发展；2001 年出现 HDD 导航系统；2004 年出现手持导航设备(PND)。汽车导航设备随着存储设备能力的提升以及定位方法的改善不断升级，随着存储空间的不断扩大以及 CPU 技术的使用，目前汽车导航系统大都具备多种功能，例如导航地图的显示和操作菜单方式、语音应用等，而且能够快速计算出清楚的指引路径。

除了汽车导航系统，近年来随着网络技术与智能移动设备的发展，基于电子地图的路径规划有了新的发展方向，在线电子地图应用得到迅速发展。除了国外的 Google、Yahoo 公司，国内的高德、百度等公司都开展了在线地图服务，应用开发商在地图服务的程序接口基础上进行各种基于位置服务(LBS)的二次开发，目前使用具备网络连接的智能手机就能实现基于实时交通信息的动态行驶路径规划，对车载的导航系统形成了冲击。总体来说，目前的各种导航设备已经基本能够满足驾驶员出行的导航需求。然而相较于传统面向驾驶员的传统地图技术，虽然其精确度已经达到了相当高的水平，但是其设计以及数据采集的初衷就无法达到自动驾驶的需求。

目前应用于车载导航系统的电子地图大都以道路为基本单位存储，一些导航设备在路

■ 图2.7 汽车导航系统的整体架构

口能够实现实景导航,其原理也是存储路口的实景图像。当汽车到达路口时通过显示实景图像以达到更好的导航效果,其规划算法实际还是以道路网络结构为基础,这称为道路级的路径导航。道路级导航在路径引导这个功能上看并不是完备的,需要驾驶员对引导信息做出进一步的判断、分析、处理,导航地图只是给驾驶员提供方向性的引导。识别标志标牌、入口复杂情况、行人等都是由驾驶员来完成,地图只是起引导作用。导航地图是根据人的行为习惯来设计的。而用于L3、L4级自动驾驶的高精地图,对整个道路的描述更加准确、清晰和全面。高精地图除了传统地图的道路级别外,还有道路之间的连接关系(Link)。高精地图最主要的一个特征是需要描述车道、车道的边界线、道路上各种交通设施和人行横道。即它把所有东西、所有人能看到的影响交通驾驶行为的特性全部表述出来。第二个特征是实时性。实时性是非常关键的指标,因为自动驾驶完全依赖于汽车对于周围环境的处理,如果实时性达不到要求,可能在汽车行驶过程中会有各种各样的问题及危险。

　　无人驾驶系统和自动驾驶汽车技术的发展对电子地图提出了更为精确、细致的要求。如果具备车道级的地图,那么基于高精细地图的车道级导航将成为可能。车道级路径规划是一种更加详尽的规划方法,通过车道级道路网络同时考虑交通规则规划出一条以车道为最小单位的路径,提供精确的引导线路,让自动驾驶汽车能够在道路以及复杂环境下自主决定行驶路线。自动驾驶汽车的运算单元在导航规划中承担了驾驶员的功能,而写入运算单元的算法直接决定了自动驾驶汽车的思维方式以及选路能力,那么自动驾驶汽车的导航问题其实就是一个基于现有硬件以及地图技术发展的前提下,优化路径规划算法求解最优目标路径的问题。从图 2.8 所示的自动驾驶分类等级里可以看到,L3 级以下不需要高精地图,但在 L3、L4 级,高精地图是不可或缺的数据基础。

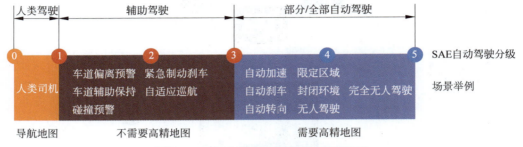

图 2.8　自动驾驶分类等级与高精地图

配合有高精地图的导航系统的基本功能包含三个主要部分：首先是在地图上显示当前位置,一般需要使用地图匹配；然后是路径规划,根据当前与地图匹配的位置到目的地之间规划出一条最优线路；最后是路线指导,根据规划出的最优线路给驾驶员行驶提示,包括图像提示和语音提示。随着 GPS、陀螺仪、加速度计等传感器技术的不断提升,汽车定位已经比较可靠,大多时候能够达到 10m 以内的定位误差,若此时再使用高精地图数据进行地图匹配,定位精度可以进一步提高,这样的定位精度足以用来规划一条路径然后引导驾驶员到达目的地。

目前,根据不同的最优目标,路径规划可以分为两类：第一类为静态路径规划,此类以距离最短或者静态出行时间最短为优化目标,算法以地理信息数据或者历史统计交通流量记录等静态信息作为最优规划的依据；第二类为动态路径规划,此类规划以最短的动态出行时间或者其他与实时交通状况相关的动态指标作为优化目标,该算法不仅考虑到地理信息数据,还可以根据实时交通流量信息进行实际情况的规划。

2.2.3　路径规划算法分类

路径规划是帮助驾驶员在旅行前或旅行中规划行驶路线的过程。路径规划作为汽车导航领域中的一个基本问题,是实现导航功能的必要条件。其最终目的是实现无人驾驶智能车在有障碍物的环境中快速、准确地找到一条无碰撞路径,最终达到目标点。根据不同的规划目的,路径规划的方式可分为两种：一种是用于大型车队的调度和进行交通管制的多汽车路径规划；另一种是广泛应用于各种汽车导航系统的单汽车路径规划。单汽车路径规划就包括汽车导航系统中的路径规划。它主要解决的问题是：在一个道路网络中,寻找从起始点到目标点之间的最佳路径。根据在实际应用中的不同需求,很多优化标准都可以应用于汽车的路径规划,例如最少行车费用、最短行车时间以及最短行车距离等。不管采用的是哪种标准,最优路径规划问题就是在给定的道路网络中,依据一定的最优标准,寻找符合该标准的最优路径的问题。图 2.9 所示为路径规划流程。

图 2.9　路径规划流程

在进行路径规划之前首先要确定路径规划的模型,然后收集各种信息数据,但是这些数据并非全部都是与解决问题有关的。提取数据就是从收集的信息数据中提取那些对解决问题有用的信息,抛弃无用的、不相关的信息。在数学模型的约束条件下对提取后的信息数据进行计算,进而得到所需要的路径。

路径规划可分为静态路径规划和动态路径规划。主要以静态道路交通信息为基础的路径规划是静态路径规划;而动态路径规划主要以动态交通信息来确定路权大小,它以起始点和终止点间的交通阻抗最小为原则确定路径规划的最小代价路线。交通阻抗的定义根据实际应用的不同,可采取不同的阻抗标准,如最短行车距离、最少旅行时间、最低通行收费等。而距离、时间、收费等信息可存储在数字道路地图图层的道路属性中。最终计算道路网络中两点之间的最优路径问题便可归结为图论中求解带权有向图的最短路径问题。因此由于问题特征、网络特征的复杂性的不同,最短路径算法也表现出多样性。按照一般问题的不同,最短路径问题可按图 2.10 所示进行分类。

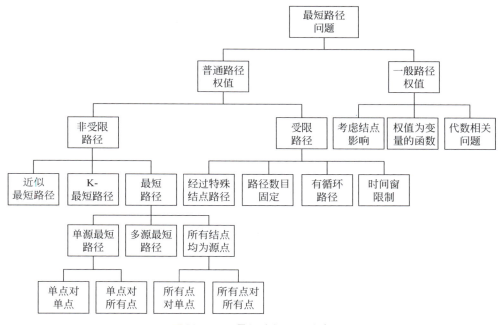

图 2.10 最短路径问题分类

自动驾驶汽车车载导航系统要求有较高的实时性,在行驶过程中,可能会因为路况的临时变化或受其他因素的影响,导致汽车无法按照已经规划好的路线行驶。此时,路线的选择对无人驾驶系统至关重要。当把当前汽车的位置输入导航系统,车载计算机会自动计算出最佳的行驶路线。使用更加优化的算法,可以提升路线选取的运算速度,整个无人驾驶系统也会有更高的执行效率。另外,无人驾驶系统在使用前,需要将高精地图输入计算机的内存,而高精地图所占的存储空间非常庞大,这就需要对路径规划算法进行优化。由于成本和车载环境等条件的限制,只能选用运算速度有限、成本相对较低的处理器完成上述工作,所以只能通过提升算法的计算效率来满足车载导航系统的精度要求。但是,每次计算得到的并不一定是最优的行驶路线,若能在运算时间或减小存储量等方面满足用户的需求,同样符合导航系统的要求。

自动驾驶汽车全局路径规划问题本质是在已知地图或未知地图前提下的最优路径规划问题。一般来说，在全局路径规划的框架下，主要讨论地图已知的情形，即在规划前就已有规划范围的基本信息。从这个概念上，可以将路径规划算法大致分为基于图的方法以及基于采样的方法两类，而局部规划算法在本章不具体涉及。图2.11所示为路径规划算法的发展过程。

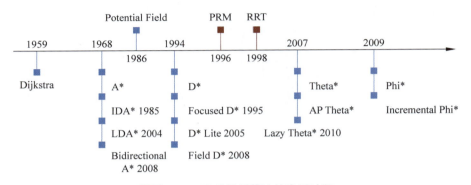

图2.11 路径规划算法的发展过程

目前，自动驾驶汽车在求解全局路径规划问题上已经有许多成熟的算法。常见的算法包括Dijkstra算法、Floyd算法以及启发式搜索算法，如A*算法等。Dijkstra算法是求解最优路径问题的最经典的算法，但它是一种盲目的搜索算法，在多年的研究中，各国学者都对其进行不断的改进，该算法的求解速度也大大提高。A*算法是启发式的搜索算法的代表，它在搜索过程中减小了网络图的搜索空间，从而节省了搜索的时间，因而计算效率较高。

另外，对于高维度的路径规划问题。1998年，La Valle 第一次提出了快速扩展随机树(Rapidly Exploring Random Tree,RRT)算法，它是一种具有采样概率完备性的路径规划算法。作为一个采用树形结构的规划算法，快速扩展随机树可以用来解决在高维度空间的路径规划问题，其核心的思想就是以给定的起始点作为该树的根结点，从根结点出发依次向状态空间中扩展子结点，子结点得到的方式都是通过在状态空间中随机采样的形式得到的，如果子结点不与障碍物发生碰撞则把子结点加入到树中，更新原来的扩展树的状态，生成新的随机扩展树，如此循环往复，直到扩展到终点，就可以得到状态空间中的一棵扩展树。该树包含了路径给定的起始点和终止点，最后从终点反向溯源到起始点，就可以得到规划的路径。该算法相对于其他算法之所以快速，主要是它以随机采样的形式来探索整个状态空间，可以以最快的速度完成对整个空间的遍历。

除了这些之外，还有间接的规划算法——基于经验的规划算法。这是一种存储之前规划路径，建立知识库，依赖之前的经验进行规划的方法。这种方法以一定的空间代价取得了速度与完备兼得的优势。此外还有基于广义Voronoi图的方法进行的Fast-Marching规划，类似Dijkstra规划和势场的融合，该方法能够完备地规划出位于道路中央，远离障碍物的路径。

本书结合当下自动驾驶汽车的发展以及路径规划算法的实际应用情况，主要对Dijkstra、Floyd、A*、RRT算法做进一步的讲解。

2.2.4 Dijkstra 算法

荷兰数学家 E. W. Dijkstra 于 1959 年提出了 Dijkstra 算法,它是一种适用于非负权值网络的单源最短路算法,同时也是目前求解最短路问题的理论上最完备、应用最广的经典算法。它可以给出从指定结点到图中其他结点的最短路径,以及任意两点的最短路径。Dijkstra 算法是一种基于贪心策略的最短路径算法,该种算法的原理是按照路径长度逐点增长的方法构造一棵路径树,从而得出从该树的根结点(即指定结点)到其他所有结点的最短路径。Dijkstra 算法的核心思想为:设置两个点的集合 S_n 和 T_n。集合 S_n 中存放已找到最短路径的结点,T_n 集合中存放当前还未找到最短路径的结点。初始状态时,集合 S_n 中只包含起始点,然后不断从集合中选择到起始结点路径长度最短的结点加入集合 S_n 中。集合 S_n 中每加入一个新的结点,都要修改从起始点到集合 T_n 中剩余结点的当前最短路径长度值,集合 S_n 中各结点新的当前最短路径长度值为原来最短路径长度值与从起始点过新加入结点到达该结点的路径长度中的较小者。不断重复此过程,直到集合中所有结点全部加入集合中为止。

针对图 2.12 所示的有向图,表 2.2 中给出了用 Dijkstra 算法求解最短路径的过程。

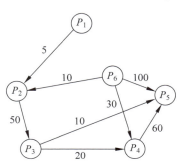

■ 图 2.12 带权有向图

表 2.2 Dijkstra 算法求解最短路径过程

序号	集合 S_n	集合 T_n	所选顶点	最短距离
1	P_0	P_1,P_2,P_3,P_4,P_5	P_2	$\infty,10,\infty,30,100$
2	P_0,P_2	P_1,P_3,P_4,P_5	P_4	$\infty,0,60,30,100$
3	P_0,P_2,P_4	P_1,P_3,P_5	P_3	$\infty,0,50,0,90$
4	P_0,P_2,P_4,P_3	P_1,P_5	P_5	$\infty,0,0,0,90$
5	P_0,P_2,P_4,P_3,P_5	P_1	P_1	$\infty,0,0,0,0$
6	P_0,P_2,P_4,P_3,P_5,P_1			$0,0,0,0,0$

Dijkstra 算法过程包括了三个循环,第一个循环的时间复杂度为 $O(n)$,第二、三个循环为循环嵌套,因此总的时间复杂度为 $O(n^2)$。可以看出,Dijkstra 最短路径算法的执行时间和占用空间与图(或网)中结点数目有关,当结点数目较大时,Dijkstra 算法的时间复杂度急剧增加。当图(或网)规模较大时,直接应用该算法就会存在速度慢或空间不够的问题。所以,在大的城市交通网络图中直接应用 Dijkstra 最短路径算法是很困难的。路径规划作为无人驾驶汽车导航系统的重要功能模块,其算法的优劣是非常重要的,评价该算法的主要性能指标是它的实时性和准确性。Dijkstra 算法作为经典的路径规划算法,在实验地图数据量较小情况下会得到很好的规划结果,但在实验地图数据量较大情况下很难满足路径规划的实时性要求。

2.2.5 Floyd 算法

1962 年,Floyd 研究并提出一种用于求解带权图中所有结点对之间的最短路径算法,被命名为 Floyd 算法,又称插点法。该算法在求解过程中,将以每个结点轮流作为原点,重复执行 N 次 Dijkstra 算法。其基本思想是通过一个图的权值矩阵(见图 2.13)求出它的每两点间的最短路径矩阵。首先,从任意一条单边路径开始,所有两点之间的距离是边的权,如果两点之间没有边相连则权为无穷大。然后,对于每一对顶点 u 和 v,查看是否存在一个顶点 w 使得从 u 到 w 再到 v 比已知的路径短。如果是则进行更新。

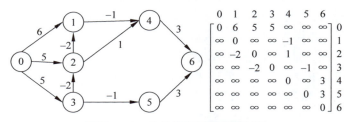

图 2.13 带权有向图及邻接矩阵

该算法的核心思路是通过一个图的权值矩阵求出该图中任意两个结点之间的最短路径。

若图的带权邻接矩阵为 $A=[a(i,j)]_{n\times n}$,由此开始,进行 n 次递归并更新,即由矩阵 $D(0)=A$,按照一个公式,建立矩阵 $D(1)$;相同地,由 $D(1)$ 构造出 $D(2)$,…;最后由 $D(n-1)$ 构造出矩阵 $D(n)$。矩阵 $D(n)$ 的第 i 行第 j 列元素,是从 i 号结点到 j 号结点的最短路径长度,$D(n)$ 称为图的距离矩阵,同时还可以引入一个包含后继结点的矩阵,用来记录任意两点间的最短路径。

算法的基本过程是:用邻接矩阵 A 来表示一个图,若从 v_i 到 v_j 有路可达,则 $A[i,j]=d$,d 表示该路段的长度;否则 $A[i,j]$ 为空。

定义矩阵 D,记录的是所插入的点的信息,$D[i,j]$ 表示从 v_i 到 v_j 需要经过的点,初始化 $D[i,j]=j$。把各个顶点插入图中,比较插点后的距离与原来的距离,$A[i,j]=\min(A[i,j],A[i,k]+A[k,j])$,若 $A[i,j]$ 的值变小,则 $D[i,j]=k$。

在矩阵 A 中包含有两点之间最短道路的信息,而在矩阵 D 中则包含了最短路径的信息。

Floyd 算法是动态规划算法的一种,适用于 APSP(All Pairs Shortest Paths),若用在稠密图中计算最优路径,效果更好,而且对边的权重是正是负没有特殊的要求。该算法简单有效,结构紧凑,因为含有三重循环,作用于稠密图,效率要比执行 n 次 Dijkstra 算法高得多。算法的基本原理比较容易理解,算法的执行过程也相对简单,而且能够计算出任意两个结点之间的最短距离。但是由于其时间复杂度比较高,不适用于计算大量数据。

2.2.6 A* 算法

以 Dijkstra 算法、Floyd 算法为代表的最短路径算法虽然能够求得最短路径,但是计算量非常大。因此,这些算法只适应解决结点数较少的有向图。而实际中电子地图的结点数量却是非常庞大的,使用这些算法就会增加计算的工作量,因而不是最佳选择。

状态空间搜索是在一定的状态空间中,寻找从初始状态到目标状态的路径的过程。由于在求解问题的过程中存在很多分支,求解条件的不确定性和不完备性使得最终计算得到的路径有多条,这些路径就组成了一个图,这个图就是状态空间。问题的求解实际上就是在这个图中寻找一条路径,可以从初始点顺利地到达目标点,这个寻找路径的过程就是状态空间搜索。

常用的状态空间搜索包括深度优先搜索和广度优先搜索。广度优先搜索算法又称宽度优先搜索算法或横向优先搜索算法,是一种图形搜索算法。该算法是一种盲目搜索法,从初始结点逐层搜索,将遍历图中所有结点来找寻目标结点。深度优先搜索算法是图论中的经典算法。该算法是按照一定的顺序先查找一个分支,尽可能深地搜索该分支,直到遍历该分支的结点,若此时图中还有未被搜索过的分支,则继续遍历其他分支,直到找到目标点。这个遍历图的过程实际上是查找每个顶点或弧的邻接点的过程。广度优先搜索算法和深度优先搜索算法的过程基本相同,不同之处在于两者对顶点的查找顺序不同。它们都是在一个给定的状态空间中,通过遍历所有结点的方式,寻找需要找到的目标点及其路径。在状态空间不大的情况下,这两种算法都适用。但是当状态空间十分大,而且存在许多无法预测的情况下,这两种算法就不是最佳选择。这种遍历的搜索过程具有盲目性,因此效率比较低,而且在有限的时间内可能无法搜索到目标点,此时就要用到启发式搜索。

启发式搜索就是在状态空间中搜索,同时在搜索过程中加入与问题有关的启发式信息,引导搜索朝着最优的方向前进。该方法会评估每一个搜索到的结点,通过比较搜索到的结点的评估值选择出最好的结点,然后将这个最好的结点作为下一次搜索的起始点,沿着搜索的方向继续搜索,直到搜索到目标点。一般来说,一个城市的电子地图有上万个结点,由于启发式搜索不需要遍历网络中的所有结点,这样就可以忽略大量与启发信息无关的结点,提高了搜索效率。在启发式搜索中,对结点的估价十分重要,采用不同的估价标准会产生不同的结果。

A^* 算法是建立在 Dijkstra 算法基础上的启发式搜索算法,多应用于实现道路网的最佳优先搜索。该算法的主要特点是:在选择下一个搜索结点时,通过引入多种有用的路网的信息,计算所有的候选结点与目标点之间的某种目标函数,例如最短行车距离、最短行车时间、最少行车费用等,以此目标函数值为标准来评价该候选结点是否为最优路径应该选择的结点,符合所选择的最优目标函数的候选结点将优先选择为进行下一次搜索的起点。

A^* 算法已逐渐广泛地应用于各个领域,不仅仅是应用于无人驾驶汽车的路径规划,同时也较多地应用于机器人和其他要求最小费用解的领域。该算法的优点在于利用含有有效信息的启发函数,使搜索方向更加智能地趋向于终点,所以该算法搜索的结点数少,故占用的存储空间也少。

A^* 算法是一种智能搜索算法,它通过引入与目标点有关的启发式信息,指引算法沿着最有希望的方向进行搜索。选择带有合理、准确的启发式信息的估价函数,有助于减小搜索空间、提高效率。采用启发信息的目的是估计当前结点与目标结点之间的距离,在进行结点的选择时,优先选择具有最小估价值的结点。

A^* 算法的关键是确立如下形式的启发式估价函数:

$$f'(n) = g(n) + h'(n)$$

式中:$g(n)$ 是从起点 s 到候选结点 n 的实际代价;$h'(n)$ 是从候选结点 n 到目标点 D 的估计代价。必须保证 $h'(n) \leqslant h^*(n)$,其中 $h^*(n)$ 表示结点 n 到目的地结点的实际最小代价。该算法在搜索的过程中,优先搜索 $f'(n)$ 值最小的结点。

启发式估价函数的合理选择关系着算法是否能够找到最优路径。对启发式估价函数的要求是具有良好的启发能力，能提供有用且准确的启发性信息。一般地，如果提供的启发性信息不够准确，或实用性较差，那么，在搜索到一条路径前可能会扩展很多无用的结点。这样就导致了搜索时间长，同时也占用了较大的存储空间。因此，引入合理的启发式估价函数是非常重要的。

A^*算法在搜索过程中会建立两个表：OPEN表和CLOSE表。OPEN表中存储的是已经生成但是还没有被扩展的结点，CLOSE表中存储的是已经被扩展的结点。每扩展一个结点，都要计算其代价值。若新扩展的结点已存在于OPEN表中，则比较这两个结点的代价值的大小，用代价值小的点替换代价值大的点。每次扩展一个新的结点，都会根据所采用的启发式信息进行排序。

设初始结点为S，目标结点为T，则搜索由S到T的最优路径的具体步骤如下。

（1）建立空的OPEN表和CLOSE表。把起点S放入OPEN表中，CLOSE表为空，此时其他结点与起点S的距离为∞。

（2）如果OPEN表为空，则搜索失败，算法结束。否则扩展S结点，选取OPEN表中f'值最小的结点，并将该结点从OPEN表移至CLOSE表中，同时判断该结点是否为目标结点。若是目标结点，则从该结点回溯，即从该结点的后向指针一直到初始结点遍历结点获得最优路径，算法结束；若该结点不是目标结点，则继续扩展下一结点。

（3）依次扩展S结点后，扩展S结点的所有后继结点组成集合A，遍历A中的结点。如果存在某一结点既不在OPEN表中也不在CLOSE表中，将该结点放入OPEN表中，同时计算该结点的估价值，并对该结点的代价值与已经存在于OPEN表或CLOSE表中的结点代价值进行比较。若该结点的代价值小于其他两个估价值，则更新OPEN表中的代价值及其父结点。

（4）根据所选取的估价函数计算各点的估价值，并按照估价值递增的顺序，对CLOSE表中的所有结点进行排序，这些结点的扩展过程就是通过算法计算得到最优路径。至此，算法结束。

流程图如图2.14所示。

2.2.7 RRT算法

RRT算法既是一种算法，同时也是一种数据结构，被设计用来高效地在高维空间中进行搜索。它特别适用于在涉及非完整约束场合下的路径规划问题。RRT算法为一种递增式的构造方式，在构造过程中，算法不断在搜索空间中随机生成状态点，如果该点位于无碰撞位置，则寻找搜索树中离该结点最近的结点为基准结点，由基准结点出发以一定步长朝着该随机结点进行延伸，延长线的终点所在位置被当作有效结点加入搜索树中。这个搜索树的生长过程一直持续，直到目标结点与搜索树的距离在一定范围以内时终止。随后搜索算法在搜索树中寻找一条连接起点和终点的最短路径。

在介绍RRT算法之前，先说明一下路径的表示方法。常用一个有向图来表示路径$G=(V,E)$，那么一条可行的路径就是一个顶点的序列$(v_1 \cdots v_n)$，$v_1=q_{\text{init}}$，$v_n=q_{\text{goal}}$。同时各个顶点属于集合E。这样问题就变成了使用采样点来扩展图G，使之能找到一条从初始结点到达目标结点的路径。

RRT算法的伪代码如下所示。

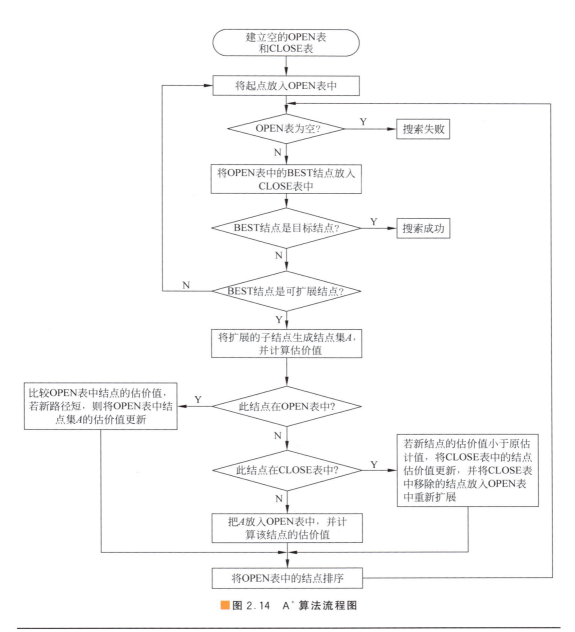

图 2.14 A* 算法流程图

RRT 算法伪代码
RRT 算法主体部分：
$V \leftarrow \{q_{\text{init}}\}$; $E \leftarrow \varphi$; $I \leftarrow 0$;
while $i < N$ do
$G \leftarrow (V, E)$;
$(V, E) \leftarrow \text{Extend}(G, q_{\text{rand}})$;
RRT 算法的 Extend() 函数：
$V' \leftarrow V$; $E' \leftarrow E$;
$q_{\text{nearest}} \leftarrow \text{Nearest}(G, q)$;

$q_{\text{new}} \leftarrow \text{Steer}(q_{\text{nearest}}, q)$;
if ObstacleFree $(q_{\text{nearest}}, q_{\text{new}})$ then
  $V' \leftarrow V \cup |q_{\text{new}}|$;
  $E' \leftarrow E \cup |(q_{\text{nearest}}, q_{\text{new}})|$;
return $G' = (V', E')$

这里可以看到两个算法:一个是算法的主体部分;另一个是 RRT 算法的 Extend() 函数,主要是如何利用采样到点扩展图 G。下面详细介绍每一个步骤:

(1) 初始化顶点为 q_{init},边集 E;

(2) 进入 while 循环,迭代 N 次停止;

(3) Sample(i) 采样一个新的点 q_{new};

(4) 利用新的点扩展图 G。

RRT 算法 Extend() 函数的步骤:

(1) 把 V, E 暂存;

(2) Nearest(G, q) 函数表示求图 G 中离 q 欧氏距离最近的点 q_{nearest},一般情况下会采用 kd-tree 来存储图中的结点,这样会节约搜索的时间;

(3) Steer($q_{\text{nearest}}, q_{\text{new}}$) 表示存在一个 q_{new} 点,它将最小化 $\|q_{\text{new}} - q\|$,但是 $\|q_{\text{new}} - q\| < \eta$,$\eta$ 为人为设定的一个值,其实就是向 q 方向步进了一段距离;

(4) 将 ObstacleFree($q_{\text{nearest}}, q_{\text{new}}$) 进行碰撞检测,然后判断这一段 $(q_{\text{nearest}}, q_{\text{new}})$ 路径是否与障碍物发生碰撞,即判断路径是否属于 C_{free} 中;

(5) 把 q_{new} 加到顶点集中;

(6) 返回扩展后的图 G'。

2.2.8 路径规划算法的发展

随着人工智能以及大数据技术的不断发展,全局路径规划现在有了更为广阔的空间和更加灵活的技术手段。另外运动规划也可以与汽车动力学、交通参与要素的行为预测等相结合,从而能够在各个方面对算法进行优化。

1. 与汽车动力学结合

将动力学参数评价指标和最优规划等结合,利用直接构造法进行规划是近年来采用较多的方法,在这个过程中可以充分考虑汽车动力学因素,规划出的轨迹更加合理。如奔驰公司将汽车在车道中的相对位置、加速度、横摆角速度以及曲率等作为优化指标,利用序列二次规划方法进行轨迹计算,基于单轨模型,结合汽车无滑移条件,利用魔术公式来描述轮胎与路面的动力学模型,构造汽车动力学约束公式,同时将汽车动力性、操纵性和稳定性评价指标作为优化指标,将整个运动规划问题转化为非线性规划问题,从而获得可行轨迹。国防科技大学将模型预测控制融入轨迹规划中,预先选择边界条件范围离线计算可行路径集,在行为决策系统做出全局路径后,将阿克曼转角模型作为预测模型,在需要规划轨迹的全局路径段从可行路径集中选择部分路径并结合速度计算生成备选轨迹集,之后将动力学因素和障碍物等作为评价指标,利用最优规划从备选轨迹集中选出最终轨迹。该方法由于使用离线计算的可行路径集,因此大大提高了算法效率。运动规划也在自主泊车领域得到应用,自主泊车的工况相对单一,并且汽车行驶速度较低,因此采用的方法更加灵活。另外有一部分学者利用基于互补约束的数学规划方法(MPCC)和 RS()函数法将泊车过程中的避障条件约束转化为避障模型,同时结合汽车动力学模型建立行车模型,对泊车过程进行联立动态规划,提高了规划算法的普适性和鲁棒性。

2. 与状态参数估计结合

状态参数估计可以更加准确地获得汽车参数,因此可以将状态估计器加入规划模块中,通过在线估计汽车状态并将其反馈给规划器,提高轨迹质量。不同地面类型会引起汽车滑移特性的变化,进而影响汽车状态。

3. 与机器学习结合

机器学习作为人工智能的重大分支,其与运动规划的结合可以改善规划结果。例如可以针对 RRT 算法,训练一个具有恒定积分时间的非线性参数模型。该模型取代了距离度量模块用于计算结点间代价,使该模型建立 POSQ 扩展函数——用于解决两点边值问题(Boundary Value Problem,BVP)。在转向模型函数的基础上,模型的训练输入为该扩展函数对应的距离度量结果,积分时间的大小决定了距离度量的计算复杂度,这种模型在度量精确度和计算时间上都有很大的优势。另外,有的学者利用局部加权学习的方法取代距离度量,同时根据估计结果计算树中结点对应的代价较小的区域,除此之外,每个搜索过的结点都被标记了"安全"和"危险"两个标签,利用贝叶斯分类器估计整个状态空间中的安全区域,从而每次都只在安全区域中采样,随着采样的不断进行,估计的安全区域就更加准确。这两个措施使搜索更加趋向于代价低的安全区域,加快搜索速度。也有一部分人将机器学习融入路径规划中,预先模拟多个试验场景,生成每个场景对应安全轨迹的速度文件,用卷积神经网络进行训练,从而加快安全速度的生成。

2.3 本章小结

本章从自动驾驶汽车全局路径规划的概念以及其在系统中的重要作用及意义开始,介绍了与全局路径规划相关的车用高精地图的概念以及其在全局路径规划中的角色,阐明了高精地图作为无人驾驶领域的稀缺资源以及必要数据基础在整个领域扮演着核心角色的原因,及国内一些地图厂商对高精地图的探索。之后,从汽车导航技术的概念以及发展开始,引入了自动驾驶汽车全局路径规划的任务以及其最重要的核心,即路径规划算法。

2.2 节着重对路径规划算法进行了详细的阐述,基于算法发展的趋势依次介绍了常用的 Dijkstra、Floyd、A*、RRT 路径规划算法。其中 Dijkstra、Floyd 算法是最早出现的路径规划算法,本节最开始对其原理进行了讲解,使读者能够对路径规划算法的起源有一定的认识。随后引出了这两种算法在应对大规模路径规划问题时在算法效率上的问题,之后针对这个问题给出了一种基于启发式的路径规划算法——A*算法。A*算法是建立在 Dijkstra 算法基础上的启发式搜索算法,在算法的效率上进行了优化,使其在自动驾驶中应用广泛,而且其本身也有很大的提高和优化的空间。最后,本书还介绍了一种在高维空间中适用的快速拓展随机树算法——RRT 算法,其在高维空间的路径规划问题上具有很高的求解效率。在介绍完常用的几种路径规划算法后,本书介绍了未来路径规划发展的一些方向,主要是与当下发展迅猛的人工智能和大数据技术结合,希望读者能够对路径规划有更为深刻的认识。

参考文献

[1] 韩黎敏. 汽车导航技术未来发展趋势分析[J]. 产业与科技论坛,2016,15(22):85-86.

[2] 贺勇. 基于高精细地图的GPS导航方法研究[D]. 上海:上海交通大学,2015.

[3] 杨锦福. 车载导航系统中数据检索模块的设计与实现[D]. 沈阳:东北大学,2015.

[4] 李加东. 基于RRT算法的非完整移动机器人运动规划[D]. 上海:华东理工大学,2014.

[5] 王培. 无人驾驶智能车的导航系统研究[D]. 西安:西安工业大学,2012.

[6] 白莉. 汽车导航与互联网地图[J]. 中国汽车界,2012(03):22.

[7] 李威洲. 基于RRT的复杂环境下机器人路径规划[D]. 哈尔滨:哈尔滨工程大学,2012.

[8] 汪永红. 多尺度道路网路径规划关键技术及应用研究[D]. 郑州:解放军信息工程大学,2011.

[9] 李彩霞. 车载导航系统中的路径规划算法研究[D]. 广州:华南理工大学,2010.

[10] 屈展. 车载导航系统中路径规划问题的研究[D]. 兰州:兰州理工大学,2009.

[11] 罗钦瀚,李荣宽,邵玮炜,等. 面向战术环境的智能路径规划设计[J]. 指挥信息系统与技术,2018,9(06):49-54.

[12] 肖文轩. 自主轴孔装配机器人路径规划及力控制研究[D]. 西安:西安理工大学,2018.

[13] 余卓平,李奕姗,熊璐. 无人车运动规划算法综述[J]. 同济大学学报(自然科学版),2017,45(08):1150-1159.

[14] 贾李红. 基于GPS的双向搜索路径的研究[D]. 淮南:安徽理工大学,2017.

[15] 蒋键. 智能汽车越野环境路径规划[D]. 北京:北京理工大学,2016.

[16] 谭宝成,王培. A~*路径规划算法的改进及实现[J]. 西北工业大学学报,2012,32(04):325-329.

[17] 仇菊香. Google地图服务支持下的公众地理信息服务系统的设计与实现[D]. 赣州:江西理工大学,2010.

[18] 范艳华. 基于Web GIS的园区公共设施管理系统的研究[D]. 西安:西安理工大学,2002.

[19] 锦辉. 汽车导航技术的现状与发展趋势[J]. 测绘工程,2005(04):4-7.

第3章 汽车行为决策

3.1 汽车行为决策算法概述

汽车行为决策的内涵：行为决策层在整个自动驾驶汽车规划控制软件系统中扮演着"大脑"的角色。这个层面汇集了所有汽车感知到的重要的周边信息，不仅包括了自动驾驶汽车本身的当前位置、速度、朝向，以及到达目的地的导航信息和当前所处车道，还收集了自动驾驶汽车一定距离以内的障碍物信息。行为决策层需要解决的问题就是在知晓这些信息的基础上，决定自动驾驶汽车的行驶策略，使得自动驾驶汽车可以安全地到达目的地。这些信息具体包括以下几点。

（1）可以到达目的地的全局路径规划结果：如自动驾驶汽车为了到达目的地，需要进入什么道路，在哪一个路口左/右转，在哪里直行。

（2）自动驾驶汽车的当前自身状态：车的位置、速度、朝向，以及当前主车所在的车道，按照寻径路由需要进入的下一个车道等。

（3）自动驾驶汽车的历史决策信息：在上一个计算周期，行为决策模块所做出的决策是什么？是跟车、停车、转弯或者是换道？

（4）自动驾驶汽车周边的障碍物信息：自动驾驶汽车周边一定距离的所有障碍物信息。例如，周边的汽车所在的车道，邻近的路口有哪些汽车，它们的速度、位置如何，以及在一个较短的时间内它们的意图和预测的轨迹，周边是否有骑车人或者行人，以及他们的位置、速度、轨迹等。

（5）自动驾驶汽车周边的地理信息：一定范围内车道的结构变化情况，如前方50m处有车道变窄或新增车道，前方30m处车道边线由虚线变成实线，前方是否有人行横道、红绿灯、前方道路限速，哪条车道可以在前方路口左转、右转和直行等。

自动驾驶汽车的行为决策模块，就是要在上述所有信息的基础上，做出如何行驶的决策。可以看出，自动驾驶汽车的行为决策模块汇集了不同来源的信息。由于需要考虑复杂的、不同类型的信息及考虑不同地区的交规限制，行为决策问题往往很难用一个简单的数学模型求解。在DARPA自动驾驶汽车竞赛中，斯坦福大学的自动驾驶汽车系统Junior

通过设计一系列的代价和有限状态机(Finite State Machine)来决策自动驾驶汽车的轨迹和操控指令。类似地,卡内基-梅隆大学的自动驾驶汽车系统 Boss 通过计算分析车道之间的空隙(Gap),并且按照一定规则和一些预设的阈值比较决定换道这一行为的触发。其他的很多参赛系统,如 Odin(奥丁)和弗吉尼亚理工大学也都利用了规则引擎来决定自动驾驶汽车的驾驶行为。Cardo 团队则是结合了规则引擎和行为模型,建立了一个混合的自动驾驶汽车决策系统。随着对自动驾驶汽车研究兴趣的广泛发展和研究深入,越来越多的研究结果开始使用一些贝叶斯模型对自动驾驶汽车行为进行建模。同时,MDP(Markov Decision Process,马尔可夫决策过程)、POMDP(Partially Observable Markov Decision Process,部分可观测马尔可夫决策过程)都是在学术界较为流行的自动驾驶汽车行为决策建模方法。

由于交通环境的预测通常被包含在决策规划模块中,因此 3.2 节首先介绍交通环境行为预测,3.2.1 节介绍了汽车行为预测和行人预测的一些方法,3.2.2 节介绍了 Mobileye 提出的安全性评估算法;3.3 节介绍了汽车行为决策理论。

3.2　交通环境行为预测

智能汽车的整个系统架构如图 3.1 所示。一般来说,行为预测模块属于自动驾驶系统的决策规划层。智能汽车在进行决策规划时,首先会从环境感知模块中获取道路拓扑结构信息、实时交通信息、障碍物(交通参与者)信息和主车自身的状态信息,然后根据这些信息对其他动态障碍物(交通参与者)未来的运动轨迹做预测。

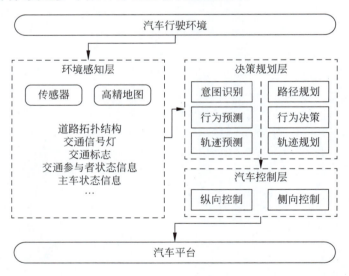

图 3.1　智能汽车的整个系统架构

运动预测根据预测时间的长短可以分为长期预测与短期预测,涉及意图识别、行为预测和轨迹预测(运动状态预测)三个层面的内容。一般来说,若能充分考虑汽车的行驶意图,长期运动预测的结果将更加准确。一般认为意图、行为和汽车运动状态三者的抽象程度依次降低,意图为驾驶员做出某种行为的目的,行为是一段连续的运动状态的抽象,而运动状态则是汽车所体现出来的一些运动变量(位置、姿态、速度、加速度等)的集合。

运动预测是智能汽车技术框架中的关键技术之一,动态、复杂的交通环境给自动驾驶带来了很大的挑战,也吸引了诸多研究人员的关注。

3.2.1 交通参与者行为预测

动态交通环境所带来的不确定性是智能汽车运动规划所面临的巨大的挑战之一,对交通环境中其他交通参与者的运动进行合理的概率预测是保证轨迹规划结果安全、可行的必要保证,它反映了智能汽车对于环境未来变化的理解。

在室外复杂环境下,障碍物的运动存在着高度不确定性,怎样对其行为和轨迹进行合理的预测是一个难题。对于行驶的汽车而言,根据驾驶场景、道路的拓扑以及其行驶的方向,可以大致分析出其驾驶意图和预计轨迹;而对于交通环境中的其他参与者,其运动的不确定性则更高。在对所有的运动障碍物运行轨迹进行预测之后,还需分析无人驾驶汽车与它们之间的碰撞关系,给无人驾驶汽车的避障过程提供决策依据。

行为预测一般分为短期预测和长期预测。短期和长期并没有一个明确界限。通常,短期预测的预测时长在 1s 以内,而长期预测的预测时长在数秒乃至数十秒内。短期预测时,目标体行为意图未变化,或者目标体意图可能变化但目标体动力学行为来不及及时变更,此时,短程行为往往可根据运动学或动力学推出。长期预测时,目标体的行为意图可能发生变化且动力学行为能够随之改变,此时,目标体行为受目标意图和周围环境信息影响极大,故长期预测需要综合考虑这两方面因素。

自动驾驶汽车为满足在各种道路环境下安全行驶的条件,对长期预测的需求更为迫切,以便在未来环境突变时能够及时判断目标体行为,有充足的时间调整自身决策和动作。Atev S 等针对目标汽车的每种意图采集一系列行驶轨迹,然后在线匹配实际行驶轨迹和所采集的各种轨迹的相似度得出目标意图,进而预测出汽车后续行驶轨迹。所述系列轨迹还可以用高斯方法统计分析。基于多层感知机(MLP)、逻辑回归、支持向量机(SVM)、隐马尔可夫(HMM)辨识目标意图,然后再通过诸如 RRT、高斯等方法生成预测路径的方法目前处于主导研究地位。这类模型通常需要花费大量时间采集足量数据并进行模型训练以评估目标行为意图,而且根据环境实时分析目标体运动轨迹的过程相对复杂。

1. 汽车行为预测

大多数相关研究使用汽车历史轨迹来模拟其行为,基于该行为预测未来轨迹。然而这些研究并未关注可能影响汽车在未来行驶轨迹对应场景中的道路拓扑结构、交通信息等特征。汽车的行驶轨迹是两个因素共同作用的结果:首先是汽车驾驶员的行为,例如反映意图的换道过程;其次是外部环境因素,例如在行驶期间影响汽车轨迹的交通信息(如红绿灯)等。

由此衍生出多种不同的轨迹预测思路:基于物理模型的轨迹预测、基于行为模型的轨迹预测、基于神经网络的轨迹预测、基于交互的轨迹预测、基于仿生学的轨迹预测以及多种途径相结合的轨迹预测等。

1) 基于物理模型的轨迹预测

基于物理模型的轨迹预测是基于物理的运动模型将汽车表示为受物理定律支配的动态实体。使用动力学和运动学模型预测未来运动,将一些控制输入(例如转向、加速度)、汽车属性(例如重量)和外部条件(例如路面的摩擦系数)与汽车状态的演变(例如位置)联系起来。有大量的工作基于物理的汽车运动模型进行轨迹预测,这种方法仍然是道路安全背景下最常用的轨迹预测和碰撞风险评估的方法。

这些汽车模型的复杂程度不一,它们的区别在于模型的动力学和运动学表现、如何处理不确定性、是否考虑道路的几何形状等。

(1) 动力学模型。

一般来说,汽车动力学模型基于拉格朗日方程,考虑影响汽车运动的不同力的作用,例如纵向和横向轮胎力或道路倾斜角。汽车受到复杂物理学(驾驶员对发动机、变速器、车轮等的作用的影响)的控制,因此动力学模型可能非常复杂并且涉及汽车的许多内部参数。建立这种复杂的模型在涉及与汽车控制相关的计算时可能是有必要的,但在轨迹预测中,为了简化计算,一般会使用更简单的模型。因此在轨迹预测中,常常采用"自行车"模型代替复杂的汽车动力学模型,这意味着将四轮汽车简化为两轮汽车,并在二维平面上移动。

(2) 运动学模型。

运动学模型基于运动参数(例如位置、速度、加速度)之间的数学关系来描述汽车的运动,而不考虑影响运动的力。在运动学模型中,摩擦力被忽略,并假设每个车轮的速度都与车轮方向相同。在轨迹预测方面,运动学模型比动力学模型的应用更加广泛。此外,由于动力学模型所需的汽车的内部参数不能被外部传感器观察到,使得动力学模型在很多场景中无法应用。运动学模型中最简单的是恒速度(CV)和恒定加速(CA)模型,它们都假定汽车是直线运动的。恒转速和速度(CTRV)以及恒转加速度和加速度(CTRA)模型通过在汽车状态向量中引入偏航角和偏航率变量来考虑绕 z 轴的变化。由于速度和偏航率是分离的,因此模型复杂度很低。通过考虑转向角而不是状态变量中的横摆率,可以用"自行车"模型来表示汽车模型。这种模型考虑了速度和横摆率之间的相关性,从中可以导出恒定转向角和速度(CSAV)以及恒定加速度和加速度(CSAA)。

上述提到的汽车模型可以以各种方式用于轨迹预测,它们之间的主要区别在于如何处理预测的不确定性。单轨迹模拟预测汽车未来轨迹的直接方式是将汽车模型应用于汽车的当前状态,假设当前状态是完全已知的并且汽车模型能完美预测汽车的运动。这种方法可以基于动力学模型或运动学模型,如图 3.2 所示。这种正向仿真方法的优势在于其计算复杂度低,可以很好地满足实时性的要求。然而,预测没有考虑当前状态的不确定性和汽车模型的缺点,因此计算出的长期预测(超过 1s)轨迹是不可靠的。

当前汽车状态及其预测的不确定性可以通过正态分布来建模。用"高斯噪声"来表达不确定性的方法最早来自于卡尔曼滤波器(KF)中。卡尔曼滤波可以从噪声传感器的测量结果中递归地估计汽车状态,是贝叶斯滤波的一种特例。在卡尔曼滤波中,一般假设汽车模型和传感器模型是线性的,并且使用正态分布表示不确定性。在第一步骤(预测步骤)中,将时间 t 处的估计状态馈送到汽车模型,得到 $t+1$ 时刻的预测状态,其采用高斯分布的形式。在第二步骤(更新步骤)中,将 $t+1$ 时刻处的传感器测量值与预测状态组合成 $t+1$ 时刻的估计状态,其也是高斯分布。每次新测量可用时,循环预测和更新步骤称为滤波。通过循环预测步骤,可以获得每个未来时间步长的汽车状态的均值和协方差矩阵,并将其转换为具有不确定性的预测轨迹(每个时间点的不确定性正态分布),如图 3.3 所示。与"单轨迹模拟"方法相比,这种方法可以计算预测轨迹的不确定性。然而,使用单峰正态分布建模的不确定性并不能准确地建模现实世界中的不确定性。因此有的方法使用高斯混合来建模不确定性。开关卡尔曼滤波器(SKF)依靠一组卡尔曼滤波器来建模汽车的可能变化模型并在它们之间切换。也可以使用启发式方法根据实际情况在不同的运动模型之间切换。

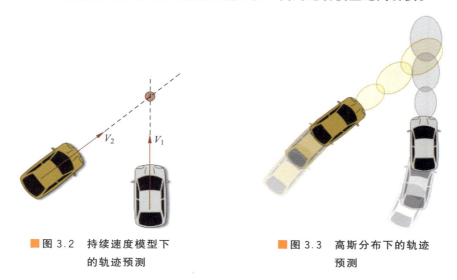

■ 图 3.2 持续速度模型下的轨迹预测
■ 图 3.3 高斯分布下的轨迹预测

扩展卡尔曼滤波(EKF)理论可以利用系统最新状态估计结合系统动力学模型对系统将来状态进行进一步估计。这种方法主要基于运动汽车的运动学方程导出其非线性模型,进而对汽车的将来位置与方向进行预测。其中,协方差矩阵经过分析和转换可以用作卡尔曼滤波过程中不确定性的置信度度量,作为衡量预测质量的指标。

在一般情况下,尽管计算预测轨迹时都假设模型是线性的或考虑不确定性的高斯分布,但一般来说预测状态上的分布的解析表达式并不一定符合假设。蒙特卡洛方法提供了近似表达这种分布的工具,其可以从汽车模型的输入变量中随机抽样,生成可能的未来轨迹。为了考虑道路拓扑,可以对抽样过程应用权重,使所生成的轨迹遵守道路布局的约束。对于汽车模型,在蒙特卡洛方法中可以直接在输入空间中进行采样,要采样的典型输入是加速度和转向角或横向偏差。为了考虑预测轨迹的可行性,一般通过对汽车的现实物理特征进行约束,以便汽车模型的输入以更加真实的方式分布。蒙特卡洛方法计算的预测轨迹如图 3.4 所示。蒙特卡洛方法可用于从完全已知的当前状态或通过滤波算法估计的不确定当前状态来预测汽车的轨迹。

还有的方法通过建立代价函数来反映驾驶员的的驾驶意图。当代价函数取得最小值时,驾驶员最有可能采取的控制信号也就被计算出来。代价函数中考虑了不确定性参数,通过这一系列对不确定性的考量,所建立的模型不仅包含典型驾驶员行为特征,还能捕捉并且适应不同驾驶员驾驶过程的差异。

建模过程通过以下假设纳入对驾驶员驾驶行为的考虑。

假设一:驾驶员通过控制转向和调整加、减速来实现对汽车的控制;

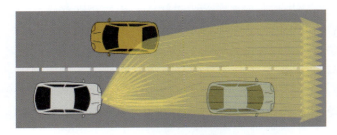

■ 图 3.4　蒙特卡洛方法计算的预测轨迹

假设二：在一般的交通场景中，驾驶员的行为可以被划分成一系列类别，每一类都与驾驶员的意图挂钩，除了包含换道、跟车、转弯这一类普通类别外，还包括类似于驾驶员是否注意力分散等特殊情况；

假设三：驾驶员一直保持的目标是乘坐安全性与舒适性，同时保持理想的车速；

假设四：驾驶员在寻找未来一定时间以内的最优路径。

2）基于行为模型的轨迹预测

基于行为的模型解决了基于物理机理的模型不考虑汽车行为的问题，在这种模型中每辆交通车被看作一个正在进行某种交通行为（如左转、换道）的客观运动目标，基于行为先验信息可以帮助推测未来一段时间内符合某种行为的运动特征，因此可以较为准确地实现较长时间的运动预测。

基于行为模型的轨迹预测方法通常有直接通过原型轨迹来进行预测和先识别驾驶意图再进行预测两种方式。在结构化道路环境下，汽车的运动轨迹通常可以根据道路拓扑分类为有限个轨迹簇，这些轨迹簇通常都对应着典型的汽车行为。基于原型轨迹的方法就是将感知到的他车轨迹与先验的运动模式进行匹配，然后根据匹配结果结合原型轨迹来进行运动预测。通常通过学习的方法，对样本轨迹进行分类学习，从而获得原型轨迹。可以通过谱聚类（Spectral Clustering）方法对采集的轨迹进行分类，也可以通过简单求解样本的均值和标准差来进行分类。在轨迹分类过程中，高斯混合模型（Gaussian Mixture Model，GMM）有很好的表现，其基本思想是在高维空间中投影轨迹，然后使用 GMM 方法，针对轨迹长度进行分类。如果将采集到的轨迹看作离散时间上的多维高斯分布，首先使用 K 均值（K-Means）方法对汽车的侧向加速度进行分类，然后基于 GMM 来对样本轨迹进行分类，可以求解原型轨迹。

在对运动模式进行建模时，常常利用基于高斯过程（Gaussian Processes，GP）的方法。高斯过程可以看作多维高斯分布在无限维的扩展，可以用均值函数和协方差函数唯一确定。对于运动模式而言，高斯过程的均值函数可以很好地表征轨迹的动态变化趋势，而协方差函数则可以表示任意两维之间的关系，因此可以用于根据观察到的历史轨迹来预测交通目标未来的行驶轨迹。高斯过程在表达交通目标的运动模式时对于观测噪声具有较好的鲁棒性。另外，虽然样本轨迹一般为离散的数据，但是基于高斯过程可以对运动轨迹实现完整、连续的概率表达，因此可以根据历史轨迹得到模型范围内任何时间上运动预测的概率分布。

基于原型轨迹的预测方法中，感知到的目标历史轨迹和计算得到的运动模式之间的匹配方法是影响预测准确度的关键。在这个过程中，需要定义一个度量来表征一段轨迹与原型轨迹之间的契合程度，有的方法通过两条轨迹中轨迹点之间的欧几里得距离来表示这个度量,有的方法则通过最长共同序列(LCSS)来计算两个轨迹序列之间的相似程度。如果基于高斯过程进行运动模式的建模,那么运动模式的判断通常通过计算感知到的历史轨迹属于某个高斯过程模型的概率来实现。通过卡方统计的方法也可以用于预测高斯过程模型,如将高斯过程和快速搜索随机树(Rapidly-exploring Random Tree,RRT)算法结合,通过搜索树扩张时的特性来对运动模式进行筛选,从而求解最终的高斯过程模型。通过使用快速搜索随机树方法,可以实现更高的计算效率。快速搜索随机树本身的特性也帮助克服了传统高斯过程方法未考虑汽车动力学约束的问题。

上述使用原型轨迹的方法用于轨迹预测时主要的问题在于对路面拓扑结构信息的严重依赖。样本轨迹的采集与运动模式的训练都依赖于已知的道路拓扑结构。已训练好的模型只能用于具备相似的道路结构的场景中,方法的可扩展性较差。另外,这一类方法的准确性很大程度上取决于匹配度量的选择,在速度变化较大的场景下(例如十字路口中汽车存在停车、起步等现象)制定准确的度量往往是比较困难的。图3.5所示为路口的原始轨迹。

■ 图 3.5　路口的原始轨迹

另外一些基于行为模型的轨迹预测方法首先是对道路中其他汽车的行驶意图进行估计,基于这些汽车的行驶意图进行运动预测。这一类方法是基于机器学习的方法来识别汽车的行驶意图,并不依赖于原型轨迹,因此可以用于任意的道路结构。在利用这一类方法进行行驶意图的估计时,需要先定义一个有限的行为集合(包括车道保持、换道、超车、路口转向等),然后根据感知到的道路汽车运动特征对汽车未来的行为进行分类。这些特征包括可以通过传感器观测的交通车状态变量(车速、加速度、位置、驶向、转向灯等),道路结构(如十字路口、匝道、高速公路),交通信息(交通信号灯、标识牌、交通规则等)。

不同的机器学习方法已被应用在汽车行驶意图的分类问题中,Schlechtriemen 基于生成式分类器(Generative Classifier)对高速公路场景下的他车的换道行为进行了识别;Kumar 则基于支持向量机(Support Vector Machines,SVM)结合贝叶斯滤波(Bayesian Filtering)的方法实现识别;Dogan 比较了递归神经网络(Recurrent Neural Network,RNN)、前向反馈神经网络(Feedforward Neural Network,FNN)和支持向量机方法在预测道路中他车换道行为中的表现。贝叶斯网络(Bayesian Network)和其特殊形式隐马尔可夫模型(Hidden Markov Models,HMM)也被广泛应用在行为预测中,这一类方法的原理一般是基于可观测的他车状态信息及环境信息作为证据变量来对汽车的行为意图等隐藏变量进行求解。一种典型的动态贝叶斯网络结构如图 3.6 所示。其中,最上层为行为层,M_t 为离散的隐形随机变量,代表汽车不同的行为。中间层为运动状态层,X_t 代表汽车的运动状态,它不能被直接观测到。最下层为观测层,矢量 Z_t 为矢量 X_t 含有噪声的测量值。从传感器得到 Z_t 之后可以通过观察模型(传感器模型)来得到道路中他车运动状态变量 X_t 的估计,再由汽车的运动状态来推断汽车可能的行为 M_t。

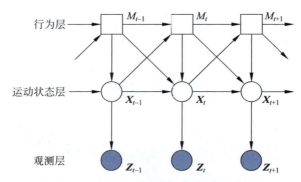

图 3.6　用于行为预测的动态贝叶斯网络

通过不同的机器学习方法求解汽车的行为之后,在进行运动预测时可以基于高斯过程的模型计算未来时间内他车运动状态的条件概率分布。Althoff 使用了可达性分析(Reachability Analysis)来预测环境中其他汽车未来一段时间在道路上的占据特性,考虑了测量的不确定性、道路几何等因素。同时,也可以通过随机搜索树的扩展来进行他车的运动状态预测。虽然基于行为模型的轨迹预测能够将环境中他车的行为抽象出来,这通常能够帮助实现更加可靠的长期预测,但是随着特征空间维度的增加,对行为进行分类的困难程度会显著提高。与此同时,用于训练的高质量样本通常是很有限的,不可能覆盖所有的交通场景。最关键的是,这一类方法将环境中的每一辆他车作为一个独立的个体来进行运动特征预测。然而在真实环境下的所有交通参与者在共用的道路环境下是互相影响的,同时环境中的交通信号、交通规则等因素也会影响这些交通参与者的行为,这种影响在十字路口、高速公路匝道等场景下尤其明显。如果不考虑汽车之间的交互行为,运动预测可能会产生很大的误差。

3)基于神经网络的轨迹预测

基于物理特征的运动模型易于剖析和进行决策,机器学习方法是对未来趋势的行为猜测,可以更好地进行长期预测。相比起通过建立汽车物理模型来分析道路结构、交通规则、驾驶员意图等一系列因素对轨迹预测的影响,用基于大数据学习的方式来对涵盖了上述所有复杂因素的汽车运动轨迹数据进行深度神经网络模型学习,会有更强的表达性,会得到更好的效果。

进行轨迹预测之前通常需要对采集到的轨迹数据进行预处理,剔除异常噪声轨迹点,从而提高精度。预处理步骤可以基于轨迹高斯混合模型(GMM)聚类算法。轨迹高斯混合模型首先采用 K-Means 聚类算法对历史轨迹数据聚类,并初步计算模型参数。根据模型参数种类个数可以初步确定聚类簇数量 K,然后利用最大似然估计算法迭代优化 K-Means 初步聚类结果,最终得到 K 个聚类簇。同时引入虚拟参考点(Virtual Rreference Point,VRP)用于提高模型预测的可靠性。与历史轨迹点结合可以提高预测模型对环境的适应性。VRP 信息值可以通过训练得到,而不是通过实体参考点推算得到,避免了因无线信道模型的估计或者推送过程引入的误差。

一些方法基于长短期记忆(Long Short Term Memory,LSTM)的神经网络对周围汽车的短期驾驶行为进行学习并进行轨迹预测(见图 3.7)。该网络接收坐标系下针对周围汽车排好序的传感器测量数据,训练后产生占用栅格地图,地图上包含周围汽车未来时刻可能到达的位置及相应的概率。

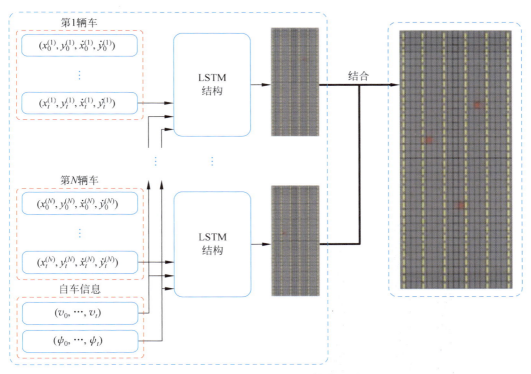

■ 图 3.7　利用 LSTM 进行轨迹预测

由于周围汽车信息通过自动驾驶汽车所携带的传感器获取,而自动驾驶汽车自身在不断地运动,因而需要将其速度与航向角(通过车载 IMU 获取)输入到搭建好的 LSTM 网络中以补偿汽车运动带来的坐标变化,从而进行轨迹预测。训练的数据来源于汽车高速公路长时间的行驶过程。图 3.8 所示为标签和其对应的路径表示的不同轨迹。

图 3.9 所示为数据集中各个标签所包含的实例。

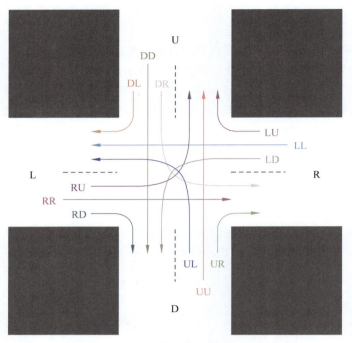

图 3.8 标签和其对应的路径表示的不同轨迹

LSTM 是 RNN 的一种形式,通过一个存储器单元来代替网络的每一个结点,解决了梯度弥散的问题。通过"门"(Gate)来控制丢弃或者增加信息,从而实现遗忘或记忆的功能。"门"是一种使信息选择性通过的结构,由一个 Sigmoid( ) 函数和一个点乘操作组成。Sigmoid( ) 函数的输出值在 $[0,1]$ 区间,0 代表完全丢弃,1 代表完全通过。一个 LSTM 单元(见图 3.10)有三个这样的门,分别是遗忘门(Forget Gate)、输入门(Input Gate)和输出门(Output Gate)。

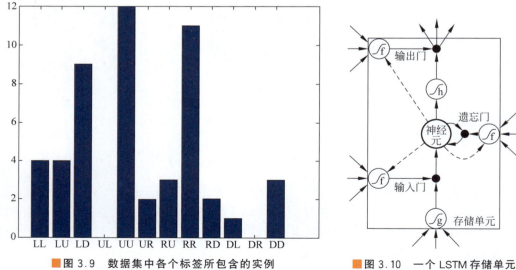

图 3.9 数据集中各个标签所包含的实例

图 3.10 一个 LSTM 存储单元

存储器单元：决定和积累单元要记忆的内容。

输入门限：决定输入信息是否被允许进入模组。

输出门限：决定输出是否要被模组向外传送。

上述架构使得 LSTM 模组能够存储和检索任意时长的信息。不同于一般的 RNN，LSTM 中的反向传播误差不会随着时间指数下降，而且模型很容易训练。因此研究 LSTM 在周围汽车轨迹分类中的应用十分有必要。

4）基于交互的轨迹预测

基于交互的轨迹预测在对他车环境进行运动预测时，将自车和周围的其他汽车看作是相互影响的，考虑了它们之间的行为依赖关系。因此，比起基于行为模型的轨迹预测，它能够提供更加准确可靠的预测结果。考虑交通参与者之间的交互时，其中一种方法是假设所有驾驶员都尽量避免碰撞，并选择风险最小的驾驶行为。这种方法首先计算每个汽车行驶意图的先验概率分布，然后再通过建模汽车之间的交互关系进行风险评估，进而对先验分布进行修正。这种方法在大多数正常驾驶场景下可以取得很好的效果，但是在一些真正危险的场景下可能会出错。

另一种考虑汽车交互影响的方法是利用动态贝叶斯网络。这种方法在进行行为推理时将汽车之间（Agent(i)、Agent(j)）的交互也考虑进来，Agent(j)的运动状态 $x_{t-1}(j)$ 将对 Agent(i) 的场景状态 $ct(i)$ 产生影响。在数学上实现时汽车之间的交互被分解为成对依赖性的对数线性组合。同时在建模汽车的行为时，将交通规则也考虑了进去，然后使用统计推理来计算运动状态的后验概率分布。

使用动态贝叶斯网络建模汽车之间的交互问题时，常常基于因素状态计算汽车之间的因果依赖关系，并建立局部场景的函数，这种方法可以大大减少计算的复杂度。

为了处理交通场景中汽车之间的行为交互，基于博弈论（Game Theory）的方法也引起了研究者的兴趣。博弈论最早被应用在智能汽车的决策环节中，如主动换道（LCM）和自适应巡航控制（ACC）功能之间的决策、自动驾驶赛车的决策、高速公路匝道入口的汇入决策等。在汽车的运动预测方面，博弈论一般被应用于汽车行为的建模和预测。可以利用非合作博弈来对汽车的运动进行分析，计算汽车的收益时首先需要考虑不同行为下生成的轨迹本身的成本，然后利用碰撞检测来计算最终的收益。博弈论的优势之一是可以对有车联网功能（可以获取其他汽车的决策结果）和没有车联网功能两种情况下汽车的换道行为进行建模，这两种情况可以被看作完整信息博弈和非完整信息博弈。同时，博弈论还可以建立反映多个驾驶员之间相互交互的交通模型。

相比于基于物理模型和基于行为模型的轨迹预测，基于交互的轨迹预测充分考虑了汽车之间的相互影响，因此可以实现更加准确可靠的预测结果。但是现阶段在这方面的研究还很少，主要原因是对汽车之间的交互关系进行处理十分困难。同时，在复杂的交通场景下，基于交互的轨迹预测需要的计算量也较大。另外，目前在汽车交互方面的研究一般都在抽象出来的行为层面进行，而对于轨迹规划而言，通常需要知道交通车未来运动状态的具体概率分布，但这方面的研究还鲜有涉及。

5）基于仿生学的轨迹预测

阿德莱德大学的研究团队发现 Hemicordulia 蜻蜓的大脑细胞（神经元）使得它们能有预谋地追逐和捕捉它们的飞行猎物。这些神经元帮助它们识别和跟踪复杂背景中运动的小物体，就好比人类可以跟踪和抓住欢呼观众背景中运动的球。蜻蜓的神经元可以从大脑接收到的大量视觉信息中选择单个目标，如另一个昆虫的运动，并随后预测其方向和未来位置。蜻蜓与人类一样，都是基于物体移动的路径做出了这一评估。阿德莱德大学博士生Joseph Fabian和其他团队成员记录了蜻蜓大脑中完成目标跟踪任务的相关神经元。这些神经元增强了它们对被跟踪运动物体前面的一小块"焦点"区域的响应。如果目标随后消失在视野中，焦点就随着时间推移而扩展，使得大脑能预测目标最可能出现在哪里。神经元预测基于的是目标物体先前飞过的路径。这样一种发现有助于理解单个神经元是如何基于过去历史做出超前预测的，在未来可能对于自动驾驶汽车基于视觉的目标轨迹预测过程有很大的帮助。

6）多种途径相结合的轨迹预测

对汽车轨迹进行长期预测，不仅利用了汽车的历史轨迹信息，还利用了驾驶场景的特征信息，例如通过对道路结构进行建模，帮助对弯道路段进行轨迹预测。在这一过程中，利用回归神经网络从汽车历史轨迹中学习汽车行为并结合道路结构特征，对汽车未来轨迹进行预测。

汽车轨迹预测能够帮助自动驾驶汽车更好地了解交通环境、提前执行危险性评估等任务。有的轨迹预测方法通过结合基于物理模型与行为模型的轨迹预测来实现。这两种方法相结合的优势在于基于物理模型的轨迹预测可以在考虑汽车动力学参数的情况下确保短期内预测的准确性，而基于行为模型的轨迹预测可以实现长期的预测。此外，可以在基于物理模型的轨迹预测中融合无迹卡尔曼滤波器来实现对不确定性信息的预测。基于行为模型的轨迹预测则将不确定性随机元素引入到动态贝叶斯网络中，用以推断每个行为过程对应的轨迹。

2. 行人轨迹预测

行人轨迹预测是指根据行人过去一段时间的轨迹，预测其未来的轨迹。该技术在自动驾驶和服务机器人导航中都有广泛的应用。与汽车不同，行人在决策的过程中有较大的随机性，在完全相同的场景下，不同的人可能会采取完全不同的决策，这使得行人的行为预测有很大的难度，其难点可以概括为以下几个方面。

（1）如何使得预测出的行人轨迹既符合物理约束，又符合社会规范。符合物理约束指预测出的轨迹应该是满足物理要求的，例如一个人不能穿过另一个人等。社会规范则指行人的一些社会学行为，例如结伴而行、相互礼让等。

（2）如何对不同行人之间的相互影响进行建模。在行人密集的地方，每个行人在做决策时需要考虑其他行人的行为，包括躲避、追赶、跟随、超过等交互性的行为。

（3）如何预测出多个合理的轨迹。在实际场景中，往往不只有一种轨迹符合条件，通常有多个轨迹都是合理的。

目前行人轨迹预测方法主要包括四类：基于社会力模型、基于马尔可夫模型、基于循环神经网络的方法和基于生成对抗网络的方法。基于社会力模型的方法是基于引力与斥力的方式对行人进行建模，在社会力模型中人为行人的最终目标，会对行人产生引力，进而吸引他们向目标行走，不同目标的行人之间产生斥力进而防止碰撞。这一类模型简单直观，复杂性低，但对模型参数过于敏感，泛化能力差，无法对于行人的一些复杂社会性行为进行建模。

将基于社会力模型思想的方法与交互式高斯过程结合，可以实现预测轨迹概率性的表达。在这种情况下,首先利用高斯过程对每一个行人的轨迹进行预测,然后基于社会力模型的势函数计算该预测的准确概率,从而通过融合社会力模型在预测的过程中考虑了行人之间的相互影响,并概率性地预测未来的轨迹。除了高斯过程之外,也可以使用基于隐含马尔可夫模型的方法对不同类别行人的轨迹进行时空的概率性建模。在使用基于隐含马尔可夫过程的方式对行人进行建模时,可以使用反向强化学习的方式训练模型参数,进而学习外界静态的物理环境对行人的影响。

近年来,随着深度学习的发展,基于数据驱动(Data-drivern)的行人建模方式成为研究热点,由于行人轨迹预测本质上是一个时序序列,因此可以使用循环神经网络对这个过程进行建模,但循环神经网络无法进行高层次的空间关系建模。为了对行人在空间上的交互进行建模,可以使用 S-LSTM(长短期记忆网络)方法,首先对空间进行网格化,并根据网格直接对每个个体附近网格中的其他个体的隐含特征池化,利用该池化结果对行人实现符合物理特征和社会规范的轨迹预测。

基于社会力模型的方法假设其他行人对该行人的影响是由与该行人的位置远近决定的,而在实际中,一个行人的行为决策不仅与空间位置有关,还与其他行人的运动方向、运动速度有关,例如一个行人可能会提前行动躲避前面一位比较远的与他相对而行的行人,而并不会考虑他后面距离比较近的行人。使用结构化循环神经网络对各个行人建模可以部分地解决这个问题。利用时空关系图来描述各个行人随时间和空间的轨迹变化的规律,时空关系图的每个结点代表每一个行人个体,每个结点与其他结点用空间边相连,与自己用时间边相连,空间边和时间边都用循环神经网络来描述其随时间的变化,最后在每个结点更新时使用注意力机制来融合与其相邻的边的信息,该方法可以很好地对时空关系进行建模,但其计算复杂度相对较高。利用生成对抗网络也可以进行行人轨迹预测,S-GAN(生成对抗网络)模型提出了一种新的池化策略来描述行人之间的影响,并利用生成对抗网络的思想进一步强迫轨迹预测模块预测出符合社会规范的轨迹。

3.2.2 安全性评估算法

决策算法面临的最大挑战就是如何达到自动驾驶所需要的高安全性和高可靠性。

路权(Right Of Weight,ROW)是指道路使用者依据法律规定,在一定的时间对一定的道路空间使用的权力。在智能驾驶中,路权可以用来描述满足汽车当前安全行驶所需的道路空间。

行驶中的智能汽车的路权是一个流动的扇形区,与本车的尺寸、速度、周边的车流量、前方拥有的空间密切相关,是本车速度的非线性函数,可用距离和角度来表示。

在驾驶过程中,人们会出现不同的驾驶行为,如超车、换道或者重新规划道路,智能汽车可以利用路权来描述换道三角形区域(见图 3.11)判断是否可以超车。例如,本车道内车间距较小,且没有变大趋势,路权受限,超出容忍,相邻车道的车间距较大,且没有变小趋势,路权允许,则从换道窗口中确定换道路径,执行换道。

路权可分为期望路权和实际路权,当两者不一致时,就需要进行调节来解决冲突。智能汽车在行驶时需要对路权进行检测和使用,多车交互是车群在任意时刻对路权的竞争、占有、放弃等协同过程。驾驶的不确定性体现在汽车行驶中拥有的路权在不停地发生变化。

路权和本车的尺寸、速度、周边的车流量、前方拥有的空间密切相关,是本车速度的非线

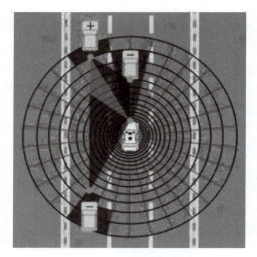

■ 图 3.11 换道三角形

性函数。高速行驶占用了较大的路权,高峰时段停在车道上的故障车也占用了较大的路权。如果在特定地段的所有汽车都匀速行驶,每辆车只占用最小路权,如公路火车,当智能汽车以编队结构进行行驶时,就是跟踪形式,此时智能汽车不需要对周边环境进行详细的关注,只需要紧跟前方汽车运动,保持合适的安全距离即可,无须过多的路权。

为了评估自动驾驶系统中决策模块的输出结果,Mobileye 开发了一套责任敏感安全(Responsibility Sensitive Safety,RSS)模型的体系,希望通过建立数学公式的手段,使得自动驾驶汽车有能力判断自身的安全状态,从而尽可能避免事故的发生。

从本质上来看,RSS 模型是一整套数学公式,将人类驾驶过程中对于安全程度的判断理念和概念具体化为数学公式,用来判别什么样的驾驶决策才是安全的驾驶。RSS 模型希望通过一套严谨的公式算法,来指导自动驾驶决策算法在特定场景下做出合理安全的判断。

在定义 RSS 模型的时候,Mobileye 认为有两个原则必须要遵守:

(1) 自动驾驶汽车绝对不可以因为自身的原因引发碰撞或者事故;

(2) 当别的汽车造成潜在风险并且可能会产生交通事故的时候,自动驾驶汽车应采取恰当的应对方式,来避免可能发生的交通事故。

在实际建立模型的时候,RSS 模型通过四条形式化的规则,来确保汽车在自动驾驶状态下能够保证安全以及避免成为制造车祸的一方:

(1) 和前车保持安全距离;

(2) 给侧边的人或车留下足够的反应时间和空间;

(3) 在堵车的时候更谨慎;

(4) 要合理使用路权(路权的使用应优先考虑安全)。

Mobileye 发布了一份官方报告,列举了 37 种可能发生事故的场景,包括了汽车并行状态的安全间距、安全并线的间距、避免追尾的最小安全距离、路边有行人闯入机动车道时的安全车速等。这 37 种状况基本覆盖了 99.4% 的车祸可能性,也说明 RSS 模型目前已经非常完善,处在健全、可用的状态。

自动驾驶可以分为感知、决策、执行三个步骤。其中,感知主要依靠包括车载的环境传感器、高精地图等部分来实现；在决策层面，更多是依赖一套经过 AI 训练的算法来判断当前状况下汽车应该做出什么反应；最后通过包括控制转向、刹车、加速等各种动作的车身电子部件实现对应操作。而 Mobileye 的 RSS 模型则是定位在决策之后、执行之前。

RSS 模型本质上是一套科学的算法，是在汽车本身通过决策算法做出判断之后，把这个指令输入到 RSS 模型中来验证对应的结果。如果决策算法在某个状态下做出了刹车的判断，那么这个判断就会输入到 RSS 模型中，得出刹车操作是否能在当前状况下保证汽车的安全。如果结果显示安全，那么这个命令会直接执行；如果结果显示有危险，那么 RSS 模型会把这个指令返回到决策算法进行二次决策，直到得到最安全的结果。

图 3.12 所示为 RSS 模型和决策算法以及执行的关系。

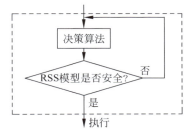

图 3.12　RSS 模型和决策算法以及执行的关系

现有的决策算法还不能保证做出完全正确的决策，特别是随着路况、汽车性能、传感器配置等各种外界因素的影响，现阶段下很容易做出不够正确的判断。人类驾驶的事故概率是 10^{-6}，有人认为，无人驾驶至少要达到 10^{-9} 的事故率，也就是目前航空业的安全水平，才会被外界所广泛认可。

RSS 模型是一个严谨的数学算法，通过控制某个特定状况下外界（包括道路限速、车速、距离、天气等）可能存在的各种变量来计算出明确的结论，帮助决策算法像真实的人类一样进行安全判断。从官方给出的数据来看，大约只需要积累 10^5 量级的自动驾驶路测数据，就可以保证 RSS 模型实现 10^{-9} 的事故率。

为了能够让更多的参与者使用 RSS 模型，Intel 和 Mobileye 选择将 RSS 模型进行开源，提供一套透明的框架，使得任何参与者都能够直观地看到 RSS 模型的原理以及效果。这有助于最大程度地降低主机厂、自动驾驶企业、政府监管部门等方面的质疑。

3.3　汽车行为决策理论

根据现代决策理论的发展历程，可以将决策理论分为理性决策理论和行为决策理论。20 世纪 80 年代之前，人们更加注重期望效用的理性决策理论，其在现代决策理论体系中一直处于主导地位。理性决策理论认为决策者会从完全理性的角度，根据其所能获得的所有准确的、完全的决策信息，得出一个最优的或者具有最大效用的决策方案。随着阿莱斯理论和爱德华兹理论的提出及行为科学研究的兴起，强调从人类实际决策行为着手研究决策行为规律及其影响的行为决策理论受到了人们的广泛关注。实际上，行为决策理论主要是针对理性决策理论在现实生活中难以解决的问题而逐步发展壮大起来的。尽管行为决策理论的研究只有短短四十余年，但是已经相继有三位研究学者 Herbert Simon、Maurice Allais 和 Daniel Kahneman 由于在行为决策领域所取得的巨大成就而分别于 1978 年、1988 年、2002 年获得了诺贝尔经济学奖。

行为决策理论是一个多学科交叉的研究领域。其主要内容就是以决策者的决策行为作为出发点，研究决策者的认知过程，揭示决策者的判断和选择的原理解释，而非对决策对错的评价；从认知原理学的角度，研究决策者做决策过程中的信息处理机制及其所受的内外部环境影响。简单说来，行为决策理论是探讨"人们实际是怎样进行决策的"及"为什么会这样决策"的理论。

行为决策是人们在实际生活中，采取具体的行动之前依据某些行为准则在多个备选方案中选择出基于某种指标的最优行动方案的思维活动。自20世纪70年代以来，在各种智能技术的推动下，移动机器人相关技术研究获得了飞跃式的发展，并从中涌现出了许多移动机器人行为决策方法，包括多准则行为决策方法、马尔可夫决策方法、贝叶斯网络决策方法、模糊决策方法及产生式规则决策方法等。从机器人学科的角度来看，无人驾驶汽车可以看作是一种移动轮式机器人，因此移动机器人的行为决策方法也可以应用在无人驾驶汽车中。

无人驾驶汽车为了能实现各种交通场景下的正常行驶，其行为决策子系统需要具备以下特性。

（1）合理性：行为决策系统的合理性是一个比较难以界定的概念。每个人对于驾驶行为是否合理都有一个评判标准。

（2）实时性：针对复杂的动态交通场景，行为决策系统能根据外部环境的变化，快速地做出驾驶策略上的响应，避免危险情况的发生。

3.3.1 无人驾驶行为决策系统

行为决策子系统的目标是对可能出现的驾驶道路环境都给出一个合理的行为策略。由于自动驾驶汽车对反应速度和安全性的要求，行为决策系统对实时性要求很高，如何能快速地给出决策结果，也是行为决策子系统所必须考虑的问题。由于不同的驾驶场景对应不同的驾驶行为，为了避免系统的冗余，根据环境的运动变化规律分场景地决策，不仅能提高实时性，更能保证合理性。

行为决策系统首先会分析道路结构环境，明确自身所处的驾驶场景。接着在此基础上，针对特定的驾驶场景，基于基本交通规则或驾驶经验组成的驾驶先验知识，在多个可选行为中基于驾驶任务需求等要素条件，选择此场景下的最优驾驶行为，如图3.13所示。

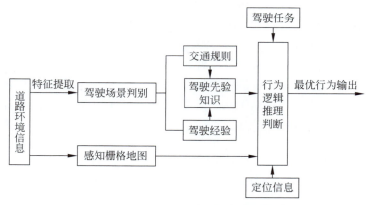

图3.13 行为决策子系统结构示意图

3.3.2 基于规则的行为决策

本节介绍一种基于规则的自动驾驶汽车行为决策层的设计，其核心思想是利用分治的原则将自动驾驶汽车周边的场景进行划分。在每个场景中，独立运用对应的规则来计算自动驾驶汽车对每个场景中元素的决策行为，再将所有划分的场景的决策进行综合，得出一个最后综合的总体行为决定。首先引入几个重要概念：综合决策（Synthetic Decision）、个体决策（Individual Decision）以及场景（Scenario）。

1. 综合决策

综合决策代表自动驾驶汽车行为决策层面的整体最高层的决策，例如按照当前车道跟车保持车距行驶，换道至左/右相邻车道，立刻停车到某一停止线后等；作为最高层面的综合决策，其所决策的指令状态空间定义需要和下游的运动规划（Motion Planning）模块保持一致，这样计算得出的综合决策指令是下游可以直接用来执行从而规划出路线轨迹（Trajectory）的。为了便于下游直接执行，综合决策的指令集往往带有具体的指令参数数据。表3.1中列出了一些综合决策的指令集定义及其可能的参数数据。例如，当综合决策是在当前车道跟车行驶（Follow）时，传给下游运动规划的不仅是跟车这一宏观指令，还包含如下参数数据：前方需要跟车的汽车的ID（一般从感知输出获得）、跟车需要保持的车速（当前车道限速和前车车速之间的较小值），以及需要和前车保持的距离（例如前车尾部向后3m）等。下游的运动规划模块基于宏观综合决定及伴随指令传来的参数数据，结合地图信息（如车道形状）等，便可以直接规划出安全无碰撞的行驶路线。

表 3.1 综合决策的指令集定义及其可能的参数

综合决策的指令集定义	参 数
行驶	当前车道 目标车速
跟车	当前车道 跟车对象 目标车速 跟车距离
转弯	当前车道 目标车道 转弯属性 转弯速度
换道	当前车道 换道车道 加速并道 减速并道
停车	当前车道 停车对象 停车位置

2. 个体决策

与综合决策相对应的是个体决策。个体决策指的是对所有重要的行为决策层面的输入个体，都产生一个决策。这里的个体，可以是感知输出的路上汽车和行人，也可以是结合了地图元素的抽象个体，如红绿灯或者人行横道对应的停止线等。在场景划分的基础上产生每个场景下的个体决策，再综合考虑归纳这些个体决策，得到最终的综合决策。个体决策不仅是产生最后的综合决策的元素，而且也和综合决策一起被传递给下游运动规划模块。个体决策有利于下游路径规划模块的求解，还能帮助工程师在软件开发过程中进行决策模块的调试。个体决策和综合决策相似的地方是除了其指令集本身外，个体决策也带有参数数据。例如，在做出针对某个感知物体X的超车这一个体决策时，附带的参数数据包括超车的距离和时间限制。距离代表本车车身至少要超过物体X的车头的最小距离，同样，时间代表这段超车安全距离至少要对应物体X行驶一个最小安全时间间隔。注意，这种超车个体决策往往发生在两车轨迹有所交互的场景中。典型的场景包括换道和路口的先行后行。

3. 场景

个体决策的产生依赖于场景的构建。这里可以将场景理解成一系列具有相对独立意义的自动驾驶汽车周边环境的划分。利用这种分而治之的思想进行场景划分,可以将自动驾驶汽车行为决策层面汇集的汽车周边的不同类别的信息元素,聚类到不同的富有实际意义的场景实体中。在每个场景实体中,基于交通规则,并结合主车的意图,可以计算出对于每个信息元素的个体决策,再通过一系列准则和必要的运算把这些个体决策最终综合输出给下游。类似前后方汽车,两侧车道这些场景是基本的场景。有一些场景的基本元素本身就可以是这些基本场景。可以看出,场景定义是分层次的(Layered)。每个层次中间的场景是互相独立构建的。其中,主车可以认为是最基本的底层场景,其他所有场景的构建都需要先以自动驾驶汽车主车在哪里这一个基本场景为基础。在此之上的第一层场景包括红绿灯、前后方汽车,以及左右两侧车道、汽车等。路口场景是第二层的复合场景,其中的元素包括第一层的人行横道、红绿灯,以及主车等场景。结合这些场景,路口场景本身中的元素是汽车 a 和 b。假设此时自动驾驶汽车的意图是右转,路口红灯可以右转但由于没有道路优先权需要避让其他汽车,此时如果感知发现一个行人在人行横道的场景横穿马路,那么结合所有这些场景元素和意图,得到的最终指令是针对行人在人行横道前停车。

综上所述,每个场景模块利用自身的业务逻辑(Business Logic)来计算其不同元素个体的决策。通过场景的复合,以及最后对所有个体的综合决策考虑,自动驾驶汽车得到的最终行为决策需要是最安全的决策。这里的一个问题是会不会出现不同场景对同一个物体(例如某个汽车)通过各自独立的规则计算出矛盾的决策?从场景的划分可以看出,本身一个物体出现在不同场景里的概率是很小的。事实上,这种场景划分的方法本身就尽可能避免了这一情况的出现。即使这种矛盾出现,在图 3.14 所示的系统框架的中间层,也会对所有的个体决策进行汇总和安全无碰撞的验证。

整个行为决策层面的框架和运行流程如图 3.14 所示。首先是结合主车信息、地图数据及感知结果构建不同层次的场景。在全局路径规划的指引下,每个场景结合自身的规则(往往是交规或者安全避让优先),计算出属于每个场景物体的个体决策。在所有的个体决策计算完毕后,虽然发生的概率极其微小,但模块还是会检查有无冲突的个体决策。在对冲突的个体决策进行冲突解决(往往是优先避让)后,推演、预测当前的所有个体决策能否汇总成一个安全行驶无碰撞的综合决策。如果这样的安全无碰撞综合决策存在,便将其和个体决策一起输出给下层的运动规划模块,计算具体从当前位置到下一个位置的时空轨迹。

3.3.3 马尔可夫决策过程

一个马尔可夫决策过程,由下面的五元组定义:(S, A, T, R, γ)。

(1) S 代表了自动驾驶汽车所处的有限的状态空间。状态空间的划分可以结合自动驾驶汽车当前位置及其在地图上的场景进行设计;例如在位置维度可以考虑将自动驾驶汽车按照当前所处的位置划分成等距离的格子;参考地图的场景,可以将自动驾驶汽车所处的车道和周边道路情况归纳到有限的抽象状态中。

(2) A 代表了自动驾驶汽车的行为决策空间,即自动驾驶汽车在任何状态下的所有行

第3章 汽车行为决策

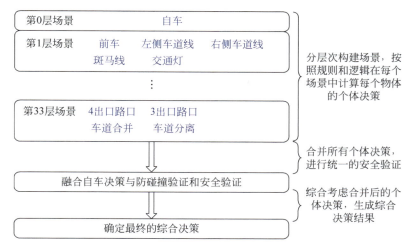

图 3.14　整个行为决策层面的框架和运行流程

为空间的集合。例如,可能的状态空间包括当前车道跟车(Follow)、换道(Change Lane)、左/右转(Turn Left/Right)、路口的先后关系(Yield/Overtake)、遇到行人或者红绿灯时的停车(Stop)等。

（3）状态转移函数 $T: T(s,s')=P(s'|s,a)$ 是一个条件概率,代表了自动驾驶汽车在状态 s 和动作 a 下,到达下一个状态 s' 的概率。

（4）激励函数 $R: R_a(s,s')$ 代表了自动驾驶汽车在动作 a 下,从状态 s 到状态 s' 所得到的激励。该激励函数可以考虑安全性、舒适性、可通行性、到达目的地能力,以及下游运动规划(Motion Planning)执行难度等因素综合设计。

（5）$\gamma \in (0,1)$ 是激励的衰减因子,下一个时刻的激励便按照这个因子进行衰减;在任何一个时间,当前的激励系数为1,下一个时刻的激励系数为 γ^1,下两个时刻的激励系数为 γ^2,以此类推。其含义是当前的激励总是比未来的激励重要。

自动驾驶汽车行为决策层面需要解决的问题,在上述马尔可夫决策过程(MDP)的定义下,可以正式描述为寻找一个最优"策略"。在任意给定的状态 s 下,策略会决定产生一个对应的行为。当策略确定后,整个 MDP 的行为可以看成是一个马尔可夫链。行为决策的策略的选取目标是优化从当前时间点开始到未来的累积激励(如果激励是随机变量,则优化累积激励的期望):

$$\sum_{t=0}^{\infty} \gamma^t R_{a_t}(s_t, s_{t+1})$$

在上述马尔可夫决策过程定义下,可以达到最优收益的策略通常可以用动态规划(Dynamic Programming)的方法求解。假设转移矩阵和激励分布已知,最优策略的求解通常都是基于迭代的计算如下两个基于状态 s 的数组:

$$\pi(s_t) \leftarrow \operatorname{argmax}\left\{\sum_{s_{t+1}} P_a(s_t, s_{t+1})(R_a(s_t, s_{t+1}) + \gamma V(s_{t+1}))\right\}$$

$$V(s_t) \leftarrow \sum_{s_{t+1}} P_{\pi(s_t)}(s_t, s_{t+1})(R_{\pi(s_t)}(s_t, s_{t+1}) + \gamma V(s_{t+1}))$$

其中,数组 $V(s_t)$ 代表了未来衰减叠加的累积(期望)激励。具体的求解过程可以是在所有

可能的状态 s 和 s' 之间进行重复迭代计算,直到二者收敛为止。更进一步,在 Bellman 的 Value Iteration 算法中,不需要进行显式的计算,而是可以将其必要的计算包括在 $V(s_t)$ 的计算中,因此可以得到如下的迭代值的单步迭代计算:

$$V_{i+1}(s) \leftarrow \max\left\{\sum_{s'} P_a(s,s')(R_a(s_t,s') + \gamma V_i(s'))\right\}$$

其中,i 代表迭代步骤,在 $i=0$ 时使用一个初始猜测开始迭代,直到 $V(s)$ 的计算趋于稳定为止。由于利用 MDP 建模解决自动驾驶汽车行为决策的方法比较多样,本书在这里不再赘述。需要强调的是,利用 MDP 解决自动驾驶汽车行为决策的最关键部分在于激励函数 R 的设计。在设计这一激励函数时,需要尽可能考虑如下因素。

(1) 到达目的地:"鼓励"自动驾驶汽车按照既定的路由寻径路线行进到达目的地。也就是说,如果选择的动作会使得自动驾驶汽车有可能偏离既定的全局导航结果,那么应当给予对应的惩罚。

(2) 安全性和避免碰撞:按照前面所述,如果将自动驾驶汽车周边的空间划分成等间距的方格,那么远离可能有碰撞的方格应当得到激励,接近碰撞发生时,应当加大惩罚。

(3) 乘坐的舒适性和下游执行的平滑性(Smoothness):这两个因素往往是一致的。乘坐的舒适性往往意味着安全顺畅的操作。例如从某一个速度状态到一个比较接近的速度状态时,其代价应该较小;反之,如果猛打方向盘或者猛然加速,这个行为对应的代价就应该比较高(负向激励)。

在马尔可夫决策过程的基础上,部分可观察马尔可夫决策过程考虑了环境的部分可观察性,即智能体不能准确地得到所有的环境状态,例如无人驾驶汽车无法通过环境感知系统直接得到其他汽车的驾驶意图等。部分可观察马尔可夫决策过程可以形式化地表示为一个六元组,其中状态集合 S、动作集合 A、状态转移函数 T 和激励函数 R 的定义与马尔可夫决策过程相同,MDP 所不具备的观察集合和观察函数用以描述环境状态的部分可观察性。

当环境是部分可观察时,无人驾驶汽车无法完全获得自身所处的真实状态,只能估计在所有可能状态上的概率分布 $b(s)$。$b(s)$ 通常被称为信念状态,是对目前环境状态的概率估计,是对所有过去观察、行动历史的统计充分量。信念状态的集合构成一个信念空间 B,所有信念状态的加和满足:

$$\sum_{s \in S} b(s) = 1, \quad b \in B$$

在每个时间段,环境处于某种状态 $s \in S$,智能体在动作集合 A 中采取动作 $a \in A$,这会导致转换到状态 s' 的环境概率为 $T(s'|s,a)$。同时,智能体接收观察 $o \in \Omega$,它取决于环境的新状态,概率为 $O(o|s',a)$。最后,智能体接收激励 r 等于 $R(s,a)$,然后重复该过程。目标是让智能体在每个时间步骤选择最大化其预期未来激励的行动:$E\left[\sum_{t=0}^{\infty} \gamma^t r_t\right]$。衰减因子 γ 决定了对更远距离的激励有多大的直接激励。当 $\gamma=0$ 时,智能体只关心哪个动作会产生最大的预期即时激励;当 $\gamma=1$ 时,智能体关心最大化未来激励的预期总和。

在马尔可夫决策过程的基础上,部分可观察马尔可夫决策过程考虑了环境的部分可观察性,即智能体不能准确地得到所有的环境状态,例如无人驾驶汽车无法通过环境感知系统直接得到其他汽车的驾驶意图等。部分可观察马尔可夫决策过程可以形式化地表示为一个六元组(S,A,Ω,T,O,R)，其中状态集合S、动作集合A、状态转移函数T和激励函数R的定义与马尔可夫决策过程相同，MDP所不具备的观察集合和观察函数用以描述环境状态的部分可观察性。

观察集合O：表示观察序列集合。

观察函数$\Omega: S \times A \times O \rightarrow [0,1]$，表示在给定所执行的动作$A$和环境状态$s'$的情况下，智能体观察序列集合为$O$的概率分布。

当环境是部分可观察时，无人驾驶汽车无法完全获得自身所处的真实状态，只能估计在所有可能状态上的概率分布。这种概率分布通常被称为信念状态，是对目前环境状态的概率估计，是对所有过去观察、行动历史的统计充分量。信念状态的集合构成一个信念空间。部分可观察马尔可夫决策过程可以看作是在信念空间上的马尔可夫决策过程。在基于部分马尔可夫决策过程进行自动驾驶决策的过程中，决策模块可以与环境交互并从感知模块获取观察结果。基于马尔可夫过程的决策模块可以通过更新当前状态的概率分布来更新其对真实状态的信念。这使得基于部分马尔可夫决策过程（POMDP）的决策模块计算出的最佳行为可能考虑了让汽车能更好地观察周边环境的行为，即某个时刻的决策结果可能是为了帮助汽车的感知模块去更好地感知周边环境，这种考虑是为了使自动驾驶汽车对周边环境有更好的观察，从而能够在未来做出更好的决策。

对于自动驾驶决策来说，POMDP的状态空间需要能够涵盖局部规划窗内动态实体的所有可能状态，因此将状态空间定义为无人驾驶汽车自身和周边其他汽车的运动状态，对于无人驾驶汽车自身，主要考虑其在局部栅格图中的位置坐标、速度和航向；而对于其他汽车，除了考虑其位置、速度和航向信息之外，还要考虑其驾驶意图。

无人驾驶汽车的状态信息是完全可观察的，通过环境感知系统可以完成对状态信息的估计。其他动态实体在局部规划窗内的位置、速度、航向和驾驶意图是部分可观察的，特别是作为隐含状态的其他汽车驾驶意图不能通过车载传感器直接检测得到，需要通过场景理解模块的意图预测模型进行估计和预测。

和状态空间相对应，无人驾驶汽车通过环境感知系统对自身状态信息和其他动态汽车的状态信息进行检测和描述。

动作空间主要用于定义无人驾驶汽车所有可能采取的驾驶动作。通常，相比于驾驶动作执行系统的具体控制量和控制指令，无人驾驶汽车行为决策层的驾驶动作为抽象语义动作，例如"加速""减速""换道"等。一般将无人驾驶汽车可能采取的驾驶动作分为横向驾驶动作和纵向驾驶动作。横向驾驶动作包括"加速""匀速""减速"和"停车"；纵向驾驶动作包括"左换道""右换道""车道保持""路口直行""路口左转""路口右转"等。这些驾驶动作属于抽象的行为决策结果，动作执行单元需要对抽象动作进行参数化表示，以得到汽车控制子系统可理解的控制策略，保证驾驶动作的可执行性。

状态转移模型是POMDP模型的核心模块，重点描述驾驶场景状态随时间的演进过程，为驾驶动作生成提供前瞻信息。为了简化转移模型的构建，一般假设无人驾驶汽车在决策周期内是独立于其他汽车的。无人驾驶汽车的自身状态信息是准确的，也是完全可观察的，一般忽略其自身动作的不确定性，进而其转移模型由汽车运动学模型唯一确定。和无人驾驶汽车自身的状态转移相比，其他汽车的转移模型要更复杂一些。其他汽车的驾驶意图是部分可观察的，无法通过传感器直接检测得到。一般情况下，将其他汽车的状态转移分为两部分：运动状态的转移和驾驶意图的转移。

观察模型也称为传感器模型，主要是基于当前状态和驾驶动作估计信念状态的分布。由于感知误差的存在，环境感知系统对其他汽车的检测状态与其他汽车的真实状态之间存在一定的差异。此时，一般将其他汽车状态看作高斯分布。

激励函数是对自主驾驶任务完成程度的定量评估，通常根据多个目标属性进行定义，一般在无人驾驶中，选用的目标属性包括安全性、舒适度、任务完成度和任务完成效率。其中，安全性是无人驾驶汽车需要考虑的首要目标，以保证无人驾驶汽车不和周边的汽车发生碰撞，可以对激励函数设定如果发生碰撞则得到负的激励。无人驾驶汽车的决策结果还要保证汽车行驶的稳定性，避免驾驶动作过于频繁地切换，以保证乘客的舒适度，可以对驾驶动作的切换和一些紧急动作进行惩罚。在保证上述指标的同时，无人驾驶汽车还需在遵守交通规则的前提下快速地完成驾驶任务，以提高其行车效率，所以一般对较高的行驶速度给以奖励。

在实际应用中，POMDP 相对于一般运动规划算法，包含了巨大的信念空间，因此需要耗费大量的计算资源进行求解。在大多数问题中，为了求解马尔可夫决策过程，需要对环境的变化进行一定时长的预测，以便更好地估计未来的信念状态。然而，在这种情况下，预测和规划求解的复杂性随着步数的增加是呈指数级增长的。同时，马尔可夫决策过程中，状态空间的大小通常由多项式表达，为了能够更好地反映真实世界的复杂程度，状态空间的表达方式也非常复杂和高维。因此，在考虑所有未来可能发生情况的基础上进行马尔可夫决策过程的求解，是非常耗费时间的。因此在自动驾驶决策模块的应用中，为了实时地求解 POMDP，通常只是求解马尔可夫问题的近似解，而不考虑对真正最优解的求解。这种妥协一定程度上降低了 POMDP 对长期激励的考虑，从而降低了其进行正确决策的能力，但这种妥协常常可以减小模型复杂度，实现实时的决策求解。

为了更好、更快地对未来的环境进行预测，估计每种行为的激励，许多先进的部分马尔可夫决策方法的求解牺牲了规划的广度，以使自动驾驶汽车能够实现实时的决策。两类常见的近似求解方法包括：基于启发式搜索（例如，AEMS2 方法）沿着最有可能的信念状态进行扩展；对高度可能的状态进行稀疏随机抽样或使用蒙特卡洛搜索技术（例如，DESPOT）。这些近似求解部分马尔可夫决策的方法已经被证明可以和全面的求解方法一样，求得最佳的决策策略。

3.4　本章小结

本章从汽车行为决策的基本概念开始，介绍了行为决策在自动驾驶系统中所发挥的作用，然后介绍了行为决策中重要的一部分——交通环境预测算法，对交通环境行为的预测方法进行了综述，分别介绍了基于物理模型的轨迹预测、基于行为模型的轨迹预测、基于神经网络的轨迹预测等六大类汽车行为预测方法，同时介绍了行人的行为预测，阐明了交通环境预测算法对决策模块的重要性以及算法开发难点，并对比了不同类型环境预测算法的差别。

基于行为预测的结果，介绍了交通环境中安全性评估算法，说明了安全性评估对决策结果的重要性，介绍了路权的概念和 Mobileye 的 RSS（责任敏感安全）模型。

从几个不同的方面介绍了汽车的行为决策理论。首先介绍了分层的行为决策系统架构,对行为决策系统的开发需求和难点进行了阐述;然后对基于规则的行为决策方法进行了梳理,分别从综合决策、个体决策、场景三个层面进行了分析;最后介绍了基于马尔可夫决策过程和部分可观察马尔可夫决策过程的决策模块,从马尔可夫决策理论开始,引入在自动驾驶不同场景下的马尔可夫建模过程,最终分析基于马尔可夫决策理论的自动驾驶决策方法的优缺点和未来发展趋势。

参考文献

[1] SCHUBERT R,RICHTER E,WANIELIK G. Comparison and evaluation of advanced motion models for vehicle tracking[C]//International Conference on Information Fusion,2008.

[2] AMMOUN S,NASHASHIBI F. Real time trajectory prediction for collision risk estimation between vehicles [C]//IEEE International Conference on Intelligent Computer Communication & Processing,2009.

[3] ATEV S,MILLER G,PAPANIKOLOPOULOS N P. Clustering of vehicle trajectories. IEEE Trans actions on Intelligent Transportation System,2010,11(3):647-657.

[4] TRAN Q,FIRL J. Online maneuver recognition and multimodal trajectory prediction for intersection assistance using non-parametric regression[C]//Intelligent Vehicles Symposium. IEEE,2014.

[5] ORTIZ M G,FRITSCH J,KUMMERT F,et al. Behavior prediction at multiple time-scales in inner-city scenarios[C]//Intelligent Vehicles Symposium,2011.

[6] KLINGELSCHMITT S,PLATHO M,GROSS H M,et al. Combining behavior and situation information for reliably estimating multiple intentions[C]//Intelligent Vehicles Symposium. 2014.

[7] KUMAR P,PERROLLAZ M,STÉPHANIE LEFÉVRE,et al. Learning-based approach for online lane change intention prediction[C]//2013 IEEE Intelligent Vehicles Symposium (IV). IEEE,2013.

[8] STREUBEL T,HOFFMANN K H. Prediction of driver intended path at intersections [C]// Intelligent Vehicles Symposium,2014.

[9] AOUDE G S,LUDERS B D,LEE K K H,et al. Threat assessment design for driver assistance system at intersections [C]//International IEEE Conference on Intelligent Transportation Systems,2010.

[10] 李建平. 面向智能驾驶的交通汽车运动预测方法研究[D]. 长春:吉林大学,2018.

[11] 孙亚圣,姜奇,胡洁,等. 基于注意力机制的行人轨迹预测生成模型[J]. 计算机应用,2019,39(3):668-674.

[12] 杜明博. 基于人类驾驶行为的无人驾驶汽车行为决策与运动规划方法研究[D]. 合肥:中国科学技术大学,2016.

[13] 耿新力. 城区不确定环境下无人驾驶汽车行为决策方法研究[D]. 合肥:中国科学技术大学,2017.

[14] 解读 Mobileye 的 RSS 模型,对自动驾驶有什么意义?[2019-6-16]. http://baijiahao.baidu.com/s?id=1605002013933972631&wfr=spider&for=pc.

[15] 刘少山,唐洁,吴双,等. 第一本无人驾驶技术书[M]. 北京:电子工业出版社,2017.

第4章 汽车运动规划

在寻找到全局最佳路径和最优决策行为的前提下,给定汽车的几何形状和动力学模型、所处环境障碍物的分布情况以及一个初始状态和一个目标状态集,需要进行局部环境下的汽车运动规划。运动规划对汽车行驶起着精确导航作用,其任务就是找出一系列控制输入,驱动汽车从初始状态运动到目标状态,并且在运动过程中避免和障碍物发生碰撞。

运动规划包含三部分。

(1) 建立包含障碍区域与自由区域的环境地图,生成可行驶区域。

(2) 在环境地图中选择合适的路径搜索算法,快速实时地搜索可行驶路径。

(3) 进行汽车轨迹和速度规划。

与规划控制模块全局路径规划(路由寻径部分)生成的路径不同,全局路径规划的结果是自动驾驶汽车的位姿序列,不考虑汽车位姿参数随时间变化的因素,而运动规划赋予路径时间信息,对汽车的速度与加速度进行规划,以满足光滑性和速度可控性等要求。

为了满足运动模型和状态边界条件,同时保证乘客的舒适度以及行驶平稳性,需要生成确定的行驶轨迹。根据生成的可行驶路径,轨迹生成主要通过选择一条保证汽车在路网中运动平滑性的曲线即可。由此生成的轨迹可进一步通过基于动力学模型或轨迹附近障碍物情况而建立的代价函数来进行优化调整。

4.1 汽车可行驶区域生成

汽车运动规划需要环境以一种可寻径的方式表达。这意味着必须将物理空间转换为具体的状态空间。状态空间包括汽车位置、方向、线速度与角速度以及其他必要特征的完整表达。汽车行驶时读取传感器信息和从电子地图中获取的信息,其中电子地图将环境的连续体转换为道路网络的数字表示,这一空间对于规划过程非常重要。高密度的网络会带来高计算成本和功率,因而环境的离散化必须在效率、密度和表现力方面得到合理的处理。不完整的环境表达虽然能提高计算速度,但会导致结果的欠优化和无效,甚至带来碰撞风险。

一些现有算法仅使用道路边界和障碍物的位置(如驾驶通道法)在连续坐标中发起搜索。环境分解技术以更高的分辨率对空间进行分析,主要包括 Voronoi 图、占用栅格和状态网格等表现形式。

Voronoi 图通过最大化汽车与周围障碍物之间的距离来生成路径。用来在 Voronoi 上进行搜索的算法是完整的,如果在自由区域路径存在,那么在 Voronoi 图上路径也将存在。如图 4.1(a)所示,灰色线条代表 Voronoi 边缘,同时生成了汽车可行驶空间。Voronoi 图典型的应用场景是静态环境(如停车场)下的规划。此外,Voronoi 图本身不适合公路路径规划,因为汽车导航的 Voronoi 边缘可能不连续。

图 4.1 规划常用的图形表现形式

占用栅格（Occupancy Grid）与成本地图的含义相似，都将状态空间划分为网格。这些网格的每个单元都代表当前单元被障碍物占用的概率，或者代表与网格可通行性和风险成比例的代价值。风险或可行性主要通过考虑障碍物、车道和道路边界来进行计算。在计算能力较低的情况下，基于网格的方法能快速找到解决方案，但在解决非线性动力学问题的鲁棒性方面和存在障碍物时存在困难。占用网格可以包含障碍物的位置和速度，从而显示出它们的预期运动；而在成本地图中，某个单元格的成本越高，其在地图上的呈现就越强烈。

状态网格法（State Lattice）可以视为网格生成的过程。以通过重复矩形或正方形来构建网格以使连续空间离散的方式，通过定期重复原始路径来构造网格。所述原始路径在位置、曲率或时间方面与汽车的可能状态相关联，如图 4.1(d) 所示，从而把规划问题简化为求解将初始状态与所需最终状态相联系的边界值问题。状态网格法在不增加计算复杂度的情况下克服了基于网格的技术在效率方面的局限性。

驾驶通道代表了一个连续的无碰撞空间，受到道路和车道边界以及其他障碍物的限制，汽车将会在其中行驶。驾驶通道的生成基于详细数字地图上给出的车道边界信息，或者基于同时定位和建图（SLAM）技术建立的地图。车道边界形成驾驶通道的外部边界，边界由障碍物所在的位置和空间决定。在图 4.1(e) 中，根据汽车对应的操纵行为为每个汽车构造驾驶通道。对于确定的通道，其中心线按照汽车大致的轨迹生成了对应的路径。连续规划的主要缺点在于，由于需要高强度的计算能力才能实现道路网络整个坐标范围内的规划，所以对道路或车道的表示方法可能会制约汽车的运动。

用于搜索可行驶空间的方法通常不是独立使用的，多种方法相结合可以产生更好的结果。上述方法具体的优缺点对比总结如表 4.1 所示。

表 4.1 可行驶空间搜索方法对比

方　　法	优　　点	缺　　点
Voronoi 图法	完整性 与障碍物距离最大化	受限于静态环境 不连续边缘
占用栅格法	快速离散化 计算资源消耗少	难以保证符合汽车动力学要求 障碍物表示不准确
状态网格法	计算高效	曲率不连续 运动受限
驾驶通道法	为汽车提供连续无碰撞移动空间	计算资源消耗大 运动存在约束

汽车可以看作构形空间中的一点，构形空间中与障碍物发生干涉的点的集合为构形空间障碍 $C\_obstacle$，构形空间自由区域为 C_free，连续映射 $\tau:[0,1] \to C\_free$ 称为构形空间中的一条可行路径。可行路径并不能反映汽车所受到的非完整约束，在构形空间上再加上速度、曲率的维度，则得到状态空间。类似于构形空间，可以定义状态空间的起始构型 X_init 和终止构型 X_goal、障碍区域 $X\_obstacle$ 和自由区域 X_free，可行轨迹在构形空间中的投影就是可行路径。

4.2 汽车局部轨迹规划

4.2.1 局部轨迹生成主要方法

局部轨迹规划一般是指在有障碍物的环境中,如何利用自身传感器感知周边环境,并寻找一条从当前点到目标点的局部行驶轨迹,使自动驾驶汽车能安全、快速地到达目标位置。

通常,自动驾驶运动规划器需要在将轨迹发送到汽车控制模块之前对环境进行理解。理解环境的步骤通常通过提取能够捕捉本汽车状态、与障碍物的交互情况、交通管制约束等的特征来实现。这些特征一起形成本车的状态,然后,运动规划器建立从当前环境的状态空间到汽车移动轨迹空间的映射。

局部轨迹规划的方法主要包括以下两个关键部分。

(1)建立环境模型:即将自动驾驶汽车所处现实世界抽象后,建立计算机可认知的环境模型。

(2)搜索无碰路径:即在某个模型的空间中,在多种约束条件下,选择符合条件的路径搜索算法。根据不同行驶环境的特点,自动驾驶汽车局部轨迹规划中的侧重点和难点都会有相应的不同。

在高速公路中,行车环境比较简单但车速较快,此时对自动驾驶汽车控制精度要求很高,难点主要在于环境信息获取的位置精度和路径搜索的速度。

在城市半结构化道路中,道路环境特征比较明显但交通环境比较复杂,周边障碍物较多,这就对自动驾驶汽车识别道路特征和障碍物的可靠性有较高要求,轨迹规划的难点主要在于汽车周边环境建模和避障行驶的路径搜索,特别是对动态障碍物方向和速度预测。

在越野环境的非结构化道路中,自动驾驶汽车所处的环境没有明显的道路边界,路面起伏不平,可能有大坑或土堆,这就对自动驾驶汽车识别周围环境,特别是对地形、地势识别有较高要求,轨迹规划的难点主要在于汽车可通行区域的识别。

局部轨迹生成目的是生成由一系列轨迹点所定义的轨迹。每个轨迹点都分配了一个时间戳和速度,让一条曲线与这些轨迹点拟合,生成轨迹的几何表征,移动的障碍物可能会暂时阻挡部分路段,路段的每个轨迹点都有一个时间戳,将时间戳与预测模块的输出结合起来,以确保汽车在通过时轨迹上的每个点都未被占用。这些时间戳创建了一个三维轨迹。

评估一条轨迹的优劣通常基于代价函数,选择代价最低的轨迹。通常需要考虑汽车偏离中心线的距离、是否可能发生碰撞、速度限制、舒适度等因素。汽车可以在不同环境中使用不同的成本函数。

直接构造法和路径-速度分解法是常见的局部轨迹生成方法。

直接构造法:构造汽车后轴中心坐标关于时间的函数。该函数可使用5次多项式,构造出来的路径充分拟合初始和终止位置、速度和加速度的路径,适应非结构化的环境。基于5次多项式构造路径有利于保证汽车行驶平稳性,原因在于这种路径加速度变化率最小。然而,若要保证规划出来的整条路径在速度、加速度、曲率和曲率变化率方面的有界性,该方法还需不断调整轨迹时间区间。

此外，针对结构化环境中的局部轨迹生成方法做出改进，计算道路中线的 Frenet 坐标下的坐标，可以适应各种道路环境下的局部轨迹生成问题。

路径-速度分解法：在有移动障碍物的环境下，可以通过将运动规划拆分成避开静态障碍物与避开移动障碍物的过程。在构造一条路径避开静态障碍物的基础上，进行速度规划以避开移动障碍物。

直接构造法规划得到的运动轨迹，需满足速度、加速度、曲率和曲率导数的有界性，更为复杂；路径-速度分解法将构造曲率连续有界的路径与在此路径上生成连续有界的速度且保证加速度、曲率导数有界性的过程分开，运动轨迹规划难度降低。

运动轨迹的几何表达方式主要有以下几种：直线/圆弧段、多项式螺旋线、样条曲线等。

直线/圆弧段：Dubins 曲线和 Reeds-Shepp 曲线都是由最大曲率圆弧和直线组成的，是连接构形空间中任意两点的最短路径，分别对应无倒车和有倒车的情况。当存在圆弧和直线连接处曲率不连续的问题时，汽车依据曲线行驶时需在曲率不连续处停车调整方向轮才能继续行驶。回旋线可以帮助解决此问题，改造 Dubins 曲线和 RS 曲线。回旋线曲率与曲线长度成正比关系，适合作为直线到圆弧之间的过渡曲线，保证曲率连续性。

多项式螺旋线：这种线条的曲率是曲线长度的多项式函数。回旋线是一种特殊的多项式螺旋线。基于这种线条规划运动轨迹，求解效率较低。为了求解曲线形状，在给定边界条件后，必须使用数值手段求解多项式中的待定系数。

样条曲线：曲率具有连续性。B 样条曲线可以实现曲率连续性；三次 Bezier 曲线可以保证曲率的连续性和有界性；η^3 曲线也有很好的曲率连续性和曲率导数的连续性，它是一种七次样条曲线，对于高速行驶汽车的安全行驶而言，这类性质非常重要。

4.2.2 局部轨迹直接构造法

1. 直线/圆弧段构造

假设汽车只能向前行驶，Dubins 曲线是在满足曲率约束和规定的始端和末端的切线方向的条件下，连接两个二维平面（即 X-Y 平面）的最短路径；如果汽车也可以反向行驶，则路径为 Reeds-Shepp 曲线。

1957 年，Lester Eli Dubins（1920—2010）证明：任何路径都可以由最大曲率的圆弧段与直线段组成（前提是连接两点的路径必须存在）。换句话说，连接两点的最短路径将由最大曲率的圆弧段和直线段构成。

对于汽车，系统的简单运动学模型为：

$$\dot{x} = v\cos\theta$$
$$\dot{y} = v\sin\theta$$
$$\dot{\theta} = u$$

其中 (x,y) 是汽车的位置，θ 是航向，汽车以恒定速度 v 移动，转弯速度控制 u 是有界的。在这种情况下，最大转弯速率对应于某个最小转弯半径（等效于最大曲率）。规定的初始和终端切线方向对应于初始和终端坐标。Dubins 路径给出了两个定向点间的最短路径，这一路径是可实际运行的路线。

最佳路径类型可以用与汽车驾驶行为相似的"右转(R)，左转(L)或直行(S)"描述来表达。最佳路径总是以下六种类型之一：RSR，RSL，LSR，LSL，RLR，LRL，图 4.2～图 4.4 分别表示 RSL Dubins 曲线、RSR Dubins 曲线、LSL Dubins 曲线。例如，考虑到对于某些给定的初始位置和最终位置以及切线，最佳路径显示为 RSR 类型，表明汽车行进顺序为：右转弧(R)，直线段(S)，另一个右转弧(R)。这个序列形成最短的曲线，将起始点 A 连接到终点 B，并在每个端点处曲线满足切线条件，并且该处曲率不超过给定值大小。

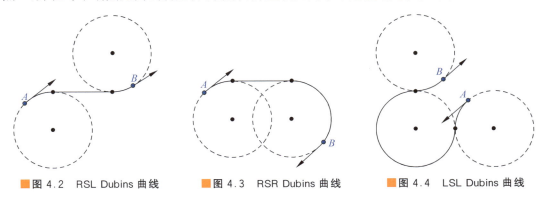

■ 图 4.2　RSL Dubins 曲线　　■ 图 4.3　RSR Dubins 曲线　　■ 图 4.4　LSL Dubins 曲线

2. 多项式螺旋线构造

多项式螺旋线如图 4.5 所示。它代表了一类曲率可以用弧长(对应轨迹中的 s 轴)的多项式函数来表示的曲线簇。

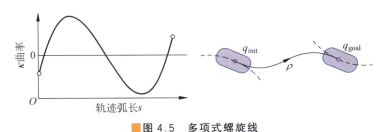

■ 图 4.5　多项式螺旋线

使用三阶(Cubic)或者五阶(Quintic)多项式螺旋线，其曲率 κ 和轨迹弧长 s 的关系 $\kappa(s)$ 如下。

三阶：$\kappa(s)=\kappa_0+\kappa_1 s+\kappa_2 s^2+\kappa_3 s^3$

五阶：$\kappa(s)=\kappa_0+\kappa_1 s+\kappa_2 s^2+\kappa_3 s^3+\kappa_4 s^4+\kappa_5 s^5$

基于这种使用三阶(五阶)螺旋线连接的轨迹，其参数可以通过梯度下降(Gradient Descent)的方法快速有效地进行搜索。以三阶多项式为例，考虑从汽车初始姿态 $q_{\text{init}}=(x_1,y_1,\theta_1,\kappa_1)$ 到目标姿态 $q_{\text{goal}}=(x_G,y_G,\theta_G,\kappa_G)$，且具有连续曲率的三阶螺旋线。在初始状态时，考虑曲率的一阶导数和二阶导数均需要满足初始状态的限制，可以得到：

$$\kappa_0=\kappa_1$$
$$\kappa_1=\mathrm{d}\kappa(0)/\mathrm{d}s$$
$$\kappa_2=\mathrm{d}^2\kappa(0)/\mathrm{d}s^2$$

这样使得实际未知参数减少到 2 个：κ_3、s。利用梯度向量可以快速寻找到接近初始状态限制的三阶螺旋线的参数。在上述的所有候选曲线中，可以根据不同需要来设置代价函数,选择出在任何时间点代价最小且满足边界条件限制的曲线。

3. 样条曲线

曲线插值是经过所有给定的点的方法,而曲线拟合是生成曲线逼近这些给定的点。对于汽车运动规划和控制系统,需要基于样条插值使得汽车运动轨迹能经过控制点,增加拟合曲线与目标轨迹的匹配程度。

样条曲线可通过数值计算,利用参数调整曲线使之逼近多边形而得到,是基于多边形的边和点构造而成的光滑曲线。样条曲线的形状受多边形顶点的数目和位置影响,其中用以确定样条曲线的多边形被称为样条曲线的特征多边形或控制多边形,多边形的顶点被称为样条曲线的控制点,样条曲线在数据拟合中需要穿过的给定的点称为型值点。

1) Bezier 曲线构造

一段 n 次 Bezier 曲线的表达式为

$$P(u) = \sum_{i=0}^{n} B_i^n(u) P_i, \quad u \in [0,1]$$

$$B_i^n(u) = \frac{n!}{i!(n-i)!} u^i (1-u)^{n-i}, \quad i \in \{0,1,\cdots,n\}$$

式中,u 是位置参数,P_i 是 Bezier 曲线的控制点。Bezier 曲线的控制点描述了曲线的大体走向,通过控制曲线的控制点就可以控制曲线的形状。所有控制点组成的多边形称为曲线的特征多边形。

在规划汽车路径时,经常用到以下几何性质。

(1) 端点性质。

① 曲线起始于第一个控制点,终止于最后一个控制点。

$$P(0) = P_0, \quad P(1) = P_n$$

② 起点处和终点处的 Bezier 曲线分别相切于特征多边形的第一条边和最后一条边。

$$T(0) = n(P_1 - P_0)$$
$$T(1) = n(P_n - P_{n-1})$$

③ Bezier 曲线起点处和终点处的二阶导数分别只与前 3 个控制点和最后 3 个控制点有关。

$$S(0) = n(n-1)(P_2 - 2P_1 + P_0)$$
$$S(1) = n(n-1)(P_n - 2P_{n-1} + P_{n-2})$$

公式中的 T 和 S 分别是 Bezier 曲线的一阶和二阶导数。

(2) 凸包性。

Bezier 曲线 $P(u)$ 是各控制点 P_i 的凸线性组合,曲线落在控制点构成的凸包中。当各控制点构成的特征多边形是凸的时,整条 Bezier 曲线也是凸的,即曲线没有反曲点(拐点)。

(3) 几何不变性。

Bezier 曲线的位置和几何形状不随坐标系的改变而改变。

只有曲线与线段在前后连接处位置、方向和曲率都连续,Bezier 曲线才能生成光滑路径。

由上述公式可知,若满足位置连续约束条件,则需要两个控制点,即曲线的第 1 个和最后 1 个控制点;若满足方向连续条件,则需要 4 个控制点,除了第 1 个和最后 1 个控制点,还需要第2个和倒数第2个控制点;若满足曲率连续约束条件,则除了以上4个控制点外,还需要第3个和倒数第3个控制点。

$$S(0)=n(n-1)(P_2-2P_1+P_0)c(u)=[P'_x(u)P''_y(u)-P''_x(u)P'_y(u)/\parallel P'(u)\parallel^3]$$

因此,若要实现Bezier曲线对两线段的光滑过渡,Bezier曲线至少要有6个控制点,由于n次Bezier曲线具有n+1个控制点,则Bezier曲线的次数至少为5次。

当一条Bezier曲线与其他曲线光滑连接,以实现位置、方向和曲率连续时,Bezier曲线的次数至少为5次。

2) B样条曲线概述

B样条曲线来自于贝塞尔曲线,却不同于贝塞尔曲线,因为它可以进行局部调整,避免了贝塞尔曲线不容易局部调整的缺点,这种特性称为局部支撑性。除此之外,B样条曲线具有曲率连续的优点,特别是在相邻曲线段之间的结点处曲率也是连续的。局部支撑性和曲率连续使得其在局部路径规划中有着广泛的应用。轨迹规划中常用的是三阶B样条曲线,以满足汽车运动学约束。

设有控制顶点$P_0,P_1,P_2,\cdots,P_n$,则k阶($k-1$)次B样条曲线的数学表达式为:

$$P(t)=\sum_{i=0}^{n}N_{i,k}(t)P_i$$

其中,$N_{i,k}(t)$是B样条基函数,也称为B样条的分段混合函数。$N_{i,k}(t)$中每一部分被称为B样条。

B样条基函数是一个k阶$k-1$次分段多项式,也被称为k阶$k-1$次多项式样条。参数t是一组被称为结点矢量的非递减序列。

德布尔-考克斯递推定义:

$$N_{i,1}(t)=\begin{cases}1 & t_i\leqslant t\leqslant t_{i+1}\\0 & t\leqslant t_i,t\geqslant t_{i+1}\end{cases},\quad k=1$$

$$N_{i,k}(t)=\frac{t-t_i}{t_{i-k-1}-t_i}N_{i,k-1}(t)+\frac{t_{i+k}-t}{t_{i+k}-t_{i+1}}N_{i+1,k-1}(t),\quad k\geqslant 2$$

约定:$\frac{0}{0}=0$

该递推公示表明:欲确定第i个k阶B样条$N_{i,k}(t)$,需要用$t_i,t_{i+1},\cdots,t_{i+k}$共$k+1$个结点。称区间$[t_i,t_{i+k}]$为$N_{i,k}(t)$的支撑区间。

曲线方程中,$n+1$个控制顶点$P_i(i=0,1,2,\cdots,n)$要用到$n+1$个k阶B样条基$N_{i,k}(t)$。支撑区间的并集定义了这一组B样条基的结点矢量$\boldsymbol{T}=[t_0,t_1,\cdots,t_{n+k}]$。

假设控制多边形的顶点数为n,阶数为k(次数为$k-1$),则结点矢量是$\boldsymbol{T}=[t_0,t_1,\cdots,t_{n+k}]$。B样条曲线按其结点矢量中结点的分布情况,可划分为以下4种类型。

(1) 均匀B样条曲线。在这种B样条曲线结点矢量中结点之间的差值相等,即等间距均匀分布。因此由这样的结点矢量可以确定均匀的B样条基。

(2) 准均匀B样条曲线。相对于均匀B样条曲线,准均匀B样条曲线在两端点处存在重复度k。具有这样特点的结点矢量可以确定准均匀的B样条基。均匀B样条曲线不像贝塞尔曲线那样曲线端点就是控制多边形的端点,准均匀B样条曲线因为端点的结点存在重复度,所以可以保证曲线端点也是控制多边形端点。

(3) 分段贝塞尔曲线。当 B 样条曲线的结点矢量两端点处存在重复度 k，而所有内部结点重复度为 $k-1$ 时，这样的结点矢量可以确定分段的 Bernstein 基。当贝塞尔曲线用于表示分段的 B 样条曲线后，每一段的 B 样条曲线可以单独调整而不影响其他部分的曲线，调整某一控制点也只是影响该控制点参与控制的曲线段的形状。

(4) 非均匀 Bezier 曲线。在保证结点序列非递减并且两端点重复度不大于 k、内结点重复度不大于 $k-1$ 的情况下，结点矢量可以任意取。这样的一组结点矢量可以确定非均匀的 B 样条基。

此外，B 样条曲线具有如下性质。

(1) 局部性。参数为 $t(t_i < t < t_{i+1})$ 的 k 阶 B 样条曲线上一点最多能够影响 k 个控制点，而与其余的控制点不产生联系。当调整该曲线上某一控制点 P_i 的时候，仅仅能够影响区间 (t_i, t_{i+1}) 内曲线的形状，对其他曲线不产生影响。

(2) 连续性。假如 B 样条曲线在某一结点处存在 r 重结点，那么曲线在该结点处连续阶大于或等于 $k-r-1$。

(3) 凸包性。B 样条曲线总是位于控制多边形的凸包内部。

(4) 分段参数多项式。$P(t)$ 在每一区间上都是关于参数 t 的多项式，并且它的次数小于或等于 $k-1$。

(5) 变差缩减性。平面内存在一定数量的控制点用于构成 B 样条曲线的控制多边形，平面内任意一条直线与 B 样条曲线相交的点的数目小于或等于该直线与控制多边形相交的点的数目。

(6) 几何不变性。B 样条曲线的形状和位置不因坐标系的改变而发生变化。

(7) 仿射不变性。在仿射变换下，B 样条曲线的表达式形式不会发生改变。

(8) 造型的灵活性。利用 B 样条曲线可以构造直线段、尖点、切线等特殊情况。

4.2.3 路径-速度分解法

路径-速度分解法将路径规划与速度规划分开进行，如图 4.6 所示。

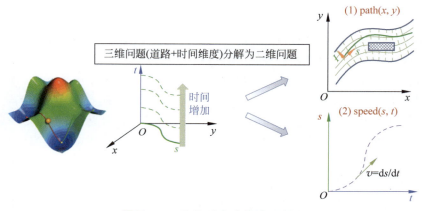

■ 图 4.6 路径-速度分解法示意图

以百度 Apollo 中的 EM 规划算法为例，其分别应用了动态规划算法进行路径规划和二次规划算法进行速度规划，算法架构如图 4.7 所示。

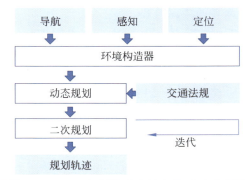

图 4.7　Apollo 规划算法中的路径-速度分解思想

1．局部路径搜索

1）基本算法介绍

（1）启发式搜索算法。

① A^* 算法。

A^* 算法是一种启发式的搜索算法，它是基于深度优先算法（Depth First Search，DFS）和广度优先算法（Breadth First Search，BFS）的一种融合算法，按照一定原则确定如何选取下一个结点。启发式搜索算法指的是，从起点出发，先寻找起点相邻的栅格，判断它是否是最好的位置，基于这个最好的栅格再往外向其相邻的栅格扩展，找到一个此时最好的位置，通过这样一步一步逼近目标点，减少盲目的搜索，提高了可行性和搜索效率。

深度优先搜索算法的思想是，搜索算法从起点开始进行搜索（初始状态下待搜索区域内所有结点均未被访问），与周围所有邻点进行比较，选择其中距离终点最近的点进行存储，然后再以该邻点为基础对比其周围未被访问的所有邻点，仍然选择距离终点最近的邻点存储。若访问结点到达终点或访问完所有结点仍未到达终点，则视为搜索失败。成功搜索所存储的结点连接而成的路径即为起点到终点的路径。

广度优先搜索又称为宽度优先搜索或横向优先搜索。它的原理是，从初始点出发依次访问与它相连接的邻点，访问完毕后再从这些邻点出发访问邻点的邻点，但是要保证先被访问的邻点的邻点要比后被访问的邻点的邻点先访问，直至图中所有已被访问的结点的邻点都被访问到。如果此时图中尚有未被访问的结点，则需要选取一个尚未被访问的结点作为一个新的初始点，继续搜索访问，直到图中所有的结点都被访问一遍为止。

因此，深度优先算法与广度优先搜索算法从过程上存在较大差异。深度优先算法优先选择离目标点最近的结点，而广度优先搜索算法优先选择离初始点最近的点。基于深度优先算法，能以最快的速度找到一条连接初始点到目标点的路径，但不能保证路径的最优性（例如，以路径最短为标准）；广度优先搜索算法则必然能找到最短的路径，但由于需要遍历所有的结点，其计算复杂程度更大。基于这两种算法的优缺点，A^* 算法基于启发函数构建了代价函数，既考虑了新结点距离初始点的代价，又考虑了新结点与目标点距离的代价。

A^* 算法中包含了开启列表（OPEN 表）和关闭列表（CLOSE 表）。在 OPEN 表中存放的是还没有访问到的结点，CLOSE 表中存放的是已访问的结点。算法首先将起点放入开启列表中进行扩展，然后对开启列表中的结点进行路径评分，从而给出从小到大的排列。路径评分需要一个代价函数判断出该结点是否为 OPEN 表中代价最小的结点，而在算法中，采用如下代价函数评估路径：$F=G+H$。其中，G 为当前结点到起始点的距离，H 为当前结点到目标点的距离，F 为两者的距离之和。

OPEN 表对列表中的结点根据 F 值进行从小到大的排列，之后将 F 值最小的结点从 OPEN 表中删除，并将其添加到 CLOSE 表中。最开始只有起点一个结点，因此起点被放入 CLOSE 表中，并将起点设为当前结点。通过当前结点搜索当前结点邻近的结点，如果该结点所扩展的结点不在 OPEN 表中，则将这些结点添加到 OPEN 表中，之后对添加到 OPEN 表中的结点进行排序，按照上述过程选出 F 值最小的结点，选出该结点作为当前结点，并扩展其邻近结点。如果所扩展的结点在 OPEN 表中，以当前结点为父结点，重新计算 G 值，并和之前的 G 值进行比较，从而找出最小的 G 值进行更新，并重新计算 F 值，再次进行排列。按照以上步骤循环，直至将目标点添加到 OPEN 表中，此时搜索算法结束。根据父结点一直找到起点，就得到搜索到的最佳路径。图 4.8 所示为 A^* 算法的效果示意图。

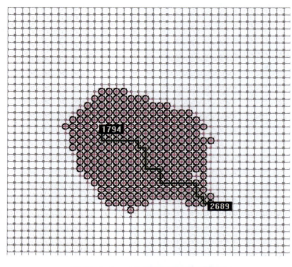

■ 图 4.8　A^* 算法效果示意图

A^* 算法的伪代码如下所示。

---

* 初始化 open_set 和 close_set；
* 将起点加入 open_set 中，并设置优先级为 0（优先级最高）；
* 如果 open_set 不为空，则从 open_set 中选取优先级最高的结点 n：
　* 如果结点 n 为终点，则：
　　* 从终点开始逐步追踪 parent 结点，一直到达起点；
　　* 返回找到的结果路径，算法结束；
　* 如果结点 n 不是终点，则：
　　* 将结点 n 从 open_set 中删除，并加入 close_set 中；
　　* 遍历结点 n 所有的邻近结点：
　　　* 如果邻近结点 m 在 close_set 中，则：
　　　　* 跳过，选取下一个邻近结点
　　　* 如果邻近结点 m 也不在 open_set 中，则：
　　　　* 设置结点 m 的 parent 为结点 n
　　　　* 计算结点 m 的优先级
　　　　* 将结点 m 加入 open_set 中

② Dijkstra算法。

Dijkstra算法是典型基于启发式算法的最短路径算法,用于计算一个结点到其他所有结点的最短路径。其主要特点是以起始点为中心向外层扩展,直到扩展到终点为止。Dijkstra算法能得出最短路径的最优解,但由于它遍历计算的结点很多,所以效率低。

Dijkstra算法的运行过程大致如下所述。

a. 同样创建两个表:OPEN表和CLOSE表。

b. OPEN表保存所有已生成而未考察的结点,CLOSE表中记录已访问过的结点。

c. 访问离起始点最近且没有被检查过的点,把这个点放入OPEN表中等待检查。

d. 从OPEN表中找出距起始点最近的点,找出这个点的所有子结点,把这个点放到CLOSE表中。

e. 遍历考察这个点的子结点。求出这些子结点距起始点的距离值,将子结点放到OPEN表中。

f. 重复d、e两步,直到OPEN表为空,或找到目标点。

图4.9为该算法的效果示意图。

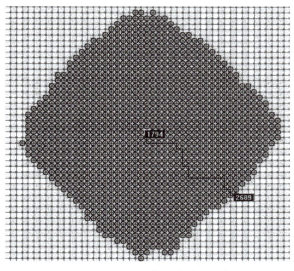

■ 图4.9 Dijkstra算法的效果示意图

(2)随机采样算法。

基于随机采样的运动规划算法的基本思路是:通过对状态空间均匀随机采样来构建一个连通图,当初始、目标状态都在图中或者都可以连接到图中时,则问题得以解决。基于随机采样的算法不需要对状态空间自由区域进行显式建模,由碰撞检测来验证轨迹的可行性即可。

典型的基于随机采样的算法有概率路图法(Probabilistic Road Map,PRM)和快速随机扩展树法(Rapidly Random Tree,RRT)。

① PRM的构建。

PRM是一种图搜索的方法,它将连续空间转换成离散空间,再利用A^*等搜索算法在路线图上寻找路径,以提高搜索效率。这种方法能用相对少的随机采样点来找到一个解。对多数问题而言,相对少的样本足以覆盖大部分可行的空间,并且找到路径的概率为1(随着采样数增加，P（找到一条路径）指数的趋向于 1）。显然，当采样点太少，或者分布不合理时，PRM 算法是不完备的，但是随着采用点的增加，也可以达到完备，所以 PRM 是概率完备且不最优的。

将运动规划环境抽象为一个二维封闭平面空间，记为 C，可以自由移动的区域为自由空间，记为 C_{free}，障碍物区域记为 C_{obs}。基本 PRM 算法的思想是在自由空间区域随机采样路标点，以一种规则连接各路标点，形成一个随机的网络，这一随机网络即为概率地图。概率地图是一种无向图，用 $G=(V,E)$ 表示，V 表示结点集，即自由空间的随机采样点，E 表示边集。然后利用搜索算法在路径图中搜索一条可行的路径。算法总体上分为两个阶段：构图阶段（Construction Phase）和查询阶段（Query Phase）。

图 4.10 所示为 PRM 算法示意图。

构图阶段：在自由空间中随机采样，构成路标点（轨迹点）集合 F，然后由局部规划器检索每个路标点的邻近点，并连接路标点和邻近点。局部规划器可以设定最邻近的 K 个点或者与路标点距离小于 d 的点作为邻近点。碰撞检测过程是构图阶段的重要环节，占据构图阶段 3/4 的时间。碰撞检测要求随机采样点不能处于绝对碰撞区内，路标点和邻近点的连线不能与障碍区相交。

■图 4.10 PRM 算法示意图

查询阶段：将起点和终点添加到轨迹点集合 v，局部规划器为其寻找最近的邻居点并建立连接，根据图论的基本知识，若起点到终点能形成连通图，则轨迹规划有解。基于某种图搜索算法（如 A^*，Dijkstra 算法等）求出连接起点和终点的最优轨迹。根据概率完备性理论，随着采样点数量的不断增加，问题求解（找到解或无解）的概率不断趋向于 1。根据规划环境的复杂程度，学习阶段可能需要较长的时间，而查询阶段可以在很短时间内完成。

PRM 算法的伪代码如下所示。

Roadmap 构建算法
输入：
n：roadmap 中的结点数量
k：最邻近的结点数量
输出：
Roadmap $G=(V,E)$
初始化：$V \leftarrow \varnothing, E \leftarrow \varnothing$
当 $|V|<n$ 时，重复以下循环：
$q \leftarrow$ 随机构型空间
如果 q 范围内仍有碰撞可能性：$V \leftarrow V \cup \{q\}$
结束循环
遍历 V 中所有 q：
从 V 中选择距离 q 距离小于阈值 dist 的 k 个相邻结点 N_q
遍历 N_q 中所有结点 q'：
如果 (q,q') 不在 E 范围内且 $\Delta(q,q')$ 不为空：
$E \leftarrow E \cup \{(q,q')\}$
结束遍历
结束遍历

② RRT 的构建。

除了 PRM 算法，还有另外一类基于树状结构的搜索算法，其中最著名的就是快速扩展随机树算法（Rapid-exploration Random Tree，RRT）。RRT 算法是从起始点开始向外拓展一个树状结构，而树状结构的拓展方向是通过在规划空间内随机采点确定的。与 PRM 类似，该方法是概率完备且不最优的。

树的初始化：初始化树的结点集和边集，结点集只包含初始状态，边集为空。

树的生长：对状态空间随机采样，当采样点落在状态空间安全区域时，选择当前树中离采样点最近的结点，将其向采样点扩展（或连接）。若生成的轨迹不与障碍物发生碰撞，则将该轨迹加入树的边集，该轨迹的终点加入到树的结点集。

重复上述步骤，直至扩展到目标状态集中。

相比 PRM 的无向图而言，RRT 构建的是初始状态作为根结点、目标状态作为叶结点的树结构。对于不同的初始和目标状态，需要构建不同的树。另外，RRT 不要求状态之间的精确连接，更适合解决像自动驾驶汽车运动规划这样的运动动力学问题。

RRT 算法是由美国爱荷华州立大学 S. M. LaValle 教授在 1998 年基于最优控制、非完整性规划和随机采样算法等理论研究提出的一种随机采样增量式运动规划算法。该算法通过在状态空间中随机的采样扩展结点，将搜索导向自由空间，结点与结点之间通过树状结构连接，找出一条连接起始点与目标点的路径。RRT 算法的搜索规划方法避免了对环境空间的精确建模，提高了算法的搜索速度。

RRT 算法的伪代码如下所示。

RRT 算法（起始点 x_0）

1. 初始化起点为 x_0 的结构树（G）
2. 重复以下步骤：
3. 从构型空间（C）中采样得到随机结点 x_{random}
4. 选择出初始树 G 中离 x_{random} 最近的结点 x_{near}
5. 从 x_{near} 向 x_{random} 扩展一段距离，得到一个新的结点 x_{new}
6. 若 x_{new} 不与障碍物发生碰撞，将 x_{new} 结点添加到树结构 G 的结点列表中，将连接 x_{new} 与 x_{near} 的边加入树结构 G 中
7. 返回树结构 G

存在如图 4.11 所示的陌生空间，已知起点 q_{start} 和目标点 q_{goal}，利用 RRT 算法搜索一条连接起点和目标点的路径。

算法搜索流程如下。

a. 初始化 q_{rand}，q_{near}，q_{new}。

b. 循环迭代，若找到目标点 q_{goal} 或达到最大迭代次数进入下一步。

a）如图 4.12 所示，在搜索空间中随机生成一个点 q_{rand}，在已经产生的书结构的所有结点（在第一步搜索中，结点只有起点 q_{start}）中，找出一个距离 q_{rand} 最近的结点，记

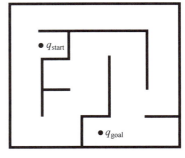

■ 图 4.11 RRT 算法应用空间示例

为 q_{near}（对比结点 A、B、C 后选择 B 结点作为 q_{near}）。在 q_{near} 与 q_{rand} 连线之间取一点 q_{new}，q_{new} 相对 q_{near} 的距离为步长 q_{step}。

b）对 q_{near} 与 q_{new} 之间的连线进行碰撞检测，如图 4.13 所示。在 q_{near} 和 q_{new} 之间插值产生若干等间距的点，检测 q_{new} 和每个插值点是否在障碍物之内。若都不在障碍物内（如 F 点），则说明 q_{near} 与 q_{new} 之间无障碍，将 q_{new} 加入树结构成为树的一个结点，并将 q_{near} 与 q_{new} 的连线作为树结构的一个新分支；若存在某一点在障碍物内（如 G 点），则跳过本次循环。

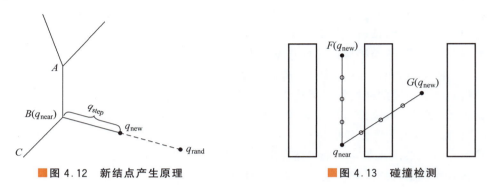

■ 图 4.12　新结点产生原理　　　　■ 图 4.13　碰撞检测

c）若产生的 q_{new} 即为 q_{goal} 或者 q_{new} 与 q_{near} 的连线经过 q_{goal}，则认为本次搜索找到了目标点，完成了路径的搜索，连接 q_{start} 与 q_{goal} 的边即为搜索产生的路径，结束循环。

c. 若找到目标点，则将搜索得到的路径和结点传递给下一步骤；若达到最大迭代次数也没有找到目标点，则宣布搜索失败，退出算法。

d. 基于贪心思想的路径缩短，如图 4.14 所示。若路径搜索成功加入，则找到了连接起始点 q_{start} 到目标点 q_{goal} 的路径结点 1～结点 9。从起始点 q_{start} 开始依次检查（从结点 1～结点 9）路径上能够无碰撞连接目标点 q_{goal} 的结点，发现结点 8 能直接连接 q_{goal}，结点 7 与 q_{goal} 的连线将穿越障碍物。再从起始点 q_{start} 开始，依次检查结点 1～结点 7，查找第一个能直接连接结点 8 的结点，发现结点 6 可以直接连接结点 8，结点 5 与结点 8 的连线将穿越障碍物，那么再从起始点 q_{start} 开始，从结点 1～结点 5 依次检查各结点与结点 6 的连线关系。以此类推直到起始点 q_{start}。可以看出图 4.14 给出的例子中缩短后的路径结点依次为 1-3-5-6-8-9。

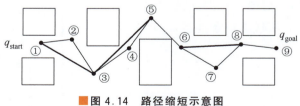

■ 图 4.14　路径缩短示意图

图 4.15 所示为陌生空间中利用 RRT 算法搜索产生的路径。

（3）DP 算法。

DP（Dynamic Programming）算法又称动态规划算法，如图 4.16 所示，是一种强大的优化手段，允许人们在多项式级别时间内解决许多不同类型的问题。对于这些问题，一般的方

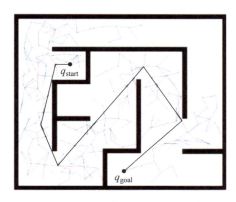

■ 图 4.15 RRT 算法搜索结果示意图

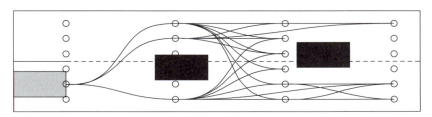

■ 图 4.16 DP 规划过程示意图

法都需要指数级别的时间。

DP 路径算法的基本思路是：基于给定的一条中心路径（Reference Line，称为参考线）和车道边界条件，每隔一定间隔的纵向距离（称为不同级上的 S 值）对道路截面进行均匀采样（与中心点的横向偏移值称为为 L 值），这样会得到采样点（Waypoint，这些采样点称为航迹点）数组。通常，道路中心线用于建造 S-L 坐标系，如图 4.17 所示，S 代表沿中心线方向，L 代表与中心线正交的方向。由于道路曲率的存在，路径规划过程中 S-L 坐标系通常优先于 x-y 坐标系的使用，二者可根据实际需要凭借坐标转换关系进行相互转换。

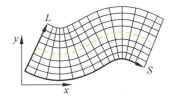

■ 图 4.17 S-L 坐标系与 x-y 坐标系

基于一定的规则，可以给出各航迹点迁移的代价值。航迹点迁移不一定需要逐级进行，可以从第一级跳到第三级甚至终点，只要迁移代价值。DP 算法是一种聚合重复的计算过程，分解得到的子问题是相互重叠的（Overlap），子问题依赖于子子问题（Subsubproblem），子子问题又进一步依赖于下一级的子子问题，这样不断循环直至抵达不需再分解的初始条件。

S-L 轨迹可表示如下：

$$\text{trajectory} = l(s) \approx (l_1, l_2, l_3, \cdots, l_n)$$

计算复杂度为 $O(k^n)$。

最优化过程为：

$$\text{minCost}(l_n \mid l_{n-1}) = \text{minCost}(l_{n-1}) + \text{Cost}(l_{n-1}, l_n)$$

$$\text{minCost}(l_n) = \min_{l_n}\left(\text{minCost}(l_{n-1}) + \text{Cost}(l_{n-1}, l_n)\right)$$

计算复杂度为 $O(k^{2n})$。

基于 DP 算法，通过将汽车行驶过程中前方一定长度区域分解为可采样的诸多分段路径，对其进行撒点采样并逐级优化目标函数，即可得到一条可通行的规划路径，如图 4.18 所示。

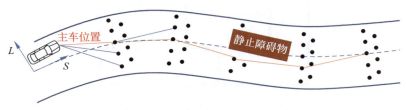

图 4.18　基于 S-L 坐标的 DP 算法撒点采样过程示意图

路径规划过程的优化目标函数可以考虑以下因素进行构建：与道路中心线的偏差、路径曲率与曲率连续性、与障碍物应保持的合理距离、路径曲率符合汽车运动特性等。

2）局部路径平滑

通过路径搜索算法产生的路径虽然能避开障碍，但是因为结点连接起来是折线，所以不利于汽车跟踪，还需要对路径进行平滑处理。拟合是路径平滑中常用的方法，常见的拟合方法包括 B 样条曲线法、QP 算法等。

拟合曲线根据曲线与给定点的关系又分为两种形式："点点通过"式和"平均通过"式。前者是当给定的离散点位置比较精确的时候，拟合曲线通过了所有给定的点，根据通过对给定的离散点拟合得到的曲线方程以足够小的步长获取相邻离散点之间若干个数据点的坐标，并用直线连接。求解相邻离散点之间若干数据点的过程称为插值。后者是当给定的数据点存在误差的时候，拟合曲线不通过所有的数据点，曲线的走势反应了这些数据点的变化趋势。曲线拟合的目标是使得给定的数据点与曲线的"距离"总和最小，如此可知拟合得到的曲线方程要尽量"逼近"给定的数据点。"点点通过"式的曲线称为插值曲线，"平均通过"式的曲线称为逼近曲线。

当给定的数据点较多时，对所有的点拟合曲线方程会有困难，即使得到曲线方程，方程也会很复杂。因此可以通过分段进行拟合，这种方式称为样条拟合。此外，分段拟合的过程需要考虑段与段之间连接点的光滑度问题。

（1）三阶 B 样条曲线的研究。

汽车侧向运动的动力学模型传递函数近似表示为：

$$G_m(s) = \frac{b_1 s^2 + b_2 s + b_3}{s^3(s+a_1)(s+a_2)}$$

由上式进一步可以将动力学约束系统简化为 $1/s^3$，依据此简化结果进行轨迹规划，而 $G_m(s)$ 中的剩余部分通过自主汽车底层侧向跟踪控制模块进行补偿。关于 B 样条性质的一个结论：$k+1$ 阶 B 样条曲线是形如下式的线性系统的一条轨迹：

$$\frac{\mathrm{d}^k}{\mathrm{d}t^k} y(t) = u(t)$$

（2）三阶 B 样条曲线在路径平滑中的应用。

根据上述对 B 样条曲线的分析可知，B 样条曲线具有多种优良特性，而三阶 B 样条曲线在连接处具有二阶的连续导数满足路径平滑的要求。利用 B 样条曲线平滑路径需要样条曲线通过给定的路径点，也就是说路径点不能作为 B 样条曲线的控制点，而要作为型值点被样条曲线穿过，但是 B 样条曲线又是通过控制点坐标来构建参数方程的，这就需要通过型值点坐标来求解控制点坐标。通过型值点求解控制点的方式叫作反算。在 B 样条曲线中反算的目的在于利用 B 样条曲线对已知点进行插值，其步骤依次为：利用型值点求解控制点、利用控制点构造 B 样条曲线方程、利用 B 样条曲线方程计算插值点。假设当前得到的路径点为 $Q_i(i=1,2,\cdots,n)$，求三阶 B 样条曲线的控制点 $P_i(i=0,1,2,\cdots,n+1)$。因为曲线段与段之间首尾连接，即第 i 段曲线的终点同时也是第 $i+1$ 段曲线的起点，并且三阶 B 样条曲线二阶导数连续，光滑连接，所以每个型值点可看作每段三阶 B 样条曲线的起点。因此三阶 B 样条曲线的型值点与控制点的位置存在如下关系：

$$p_i(t=0) = \frac{P_{i-1} + 4P_i + P_{i+1}}{6} = Q_i, \quad i=1,2,\cdots,n$$

由此式可以得到 n 个方程，但是从 P_0 到 P_{i+1} 共有 $n+2$ 个未知数，所以需要将起点和终点两个边界条件考虑进去才能解出所有的未知数。

对于 B 样条曲线边界的处理有多种方式，根据需要本书要求曲线过起点 Q_1 和终点 Q_n，即 $P_1 = Q_1, P_n = Q_n$，由此可得线性方程组：

$$\begin{bmatrix} 6 & 0 & & & & \\ 1 & 4 & 1 & & & \\ & & \cdots & & & \\ & & & 1 & 4 & 1 \\ & & & & 0 & 6 \end{bmatrix} \begin{bmatrix} P_1 \\ P_2 \\ \vdots \\ P_{n-1} \\ P_n \end{bmatrix} = 6 \begin{bmatrix} Q_1 \\ Q_2 \\ \vdots \\ Q_{n-1} \\ Q_n \end{bmatrix}$$

除此之外还需要增加 $P_0 = 2P_1 - P_2$ 和 $P_{n+1} = 2P_n - P_{n-1}$ 两个条件，即曲线起点和终点分别与 P_0P_1、P_nP_{n-1} 相切，这样构造的三阶 B 样条曲线在两端曲率为零。上式 B 样条曲线控制点线性方程组为 n 元，当得到的路径点（型值点）数目增大时，方程的阶数也会随之增加，这样造成的结果是方程求解的速度变慢。上式是典型的对角占优的三对角线方程组，形如 $\boldsymbol{Ax} = \boldsymbol{f}$。

$$\boldsymbol{Ax} = \boldsymbol{f} \Rightarrow \begin{bmatrix} b_1 & c_1 & & & & \\ a_2 & b_2 & c_2 & & & \\ & & \cdots & & & \\ & & & a_{n-1} & b_{n-1} & c_{n-1} \\ & & & & a_n & b_n \end{bmatrix} \begin{bmatrix} x_1 \\ x_2 \\ \vdots \\ x_{n-1} \\ x_n \end{bmatrix} = 6 \begin{bmatrix} f_1 \\ f_2 \\ \vdots \\ f_{n-1} \\ f_n \end{bmatrix}$$

针对系数矩阵 $\boldsymbol{A}$ 中零元素较多的情况，常规的方法是采用追赶法进行求解，这样可以提高求解速度。由系数矩阵 $\boldsymbol{A}$ 可以分解为两个三角矩阵的乘积，即 $\boldsymbol{A} = \boldsymbol{LU}$，其中 $\boldsymbol{L}$ 为下三角矩阵，$\boldsymbol{U}$ 为上三角矩阵，则 $\boldsymbol{Ax} = \boldsymbol{f}$ 等价于 $\boldsymbol{L}(\boldsymbol{Ux}) = \boldsymbol{f}, \boldsymbol{y} = \boldsymbol{Ux}$，又 $\boldsymbol{Ly} = \boldsymbol{f}$。因此可以先由 $\boldsymbol{Ly} = \boldsymbol{f}$ 求出 $\boldsymbol{y}$，再由 $\boldsymbol{y} = \boldsymbol{Ux}$ 求出 $\boldsymbol{x}$ 向量，即方程组的解向量。

（3）QP 算法在路径平滑中的应用。

为了寻求更优质、更平滑、体感舒适度更好的路径，可以使用 QP 算法（二次规划算法）

寻找。需要的限制条件有：曲率和曲率连续性、贴近中心线、避免碰撞。

路径定义在 Station-Lateral 坐标系中。参数 s 的取值范围为汽车的当前位置到默认规划路径的长度。将路径划分为 n 段，每段路径用一个多项式来表示。每个样条段 i 都有沿着参考线的累加距离 d_i。每段的路径默认用 5 阶多项式表示：

$$l = f_i(s) = a_{i0} + a_{i1} \cdot s + a_{i2} \cdot s^2 + a_{i3} \cdot s^3 + a_{i4} \cdot s^4 + a_{i5} \cdot s^5 \quad (0 \leqslant s \leqslant d_i)$$

接下来需定义每个样条段优化目标函数：

$$\text{cost} = \sum_{i=1}^{n} \left(w_1 \cdot \int_0^{d_i} f'_i(s)^2 \mathrm{d}s + w_2 \cdot \int_0^{d_i} f''_i(s)^2 \mathrm{d}s + w_3 \cdot \int_0^{d_i} f'''_i(s)^2 \mathrm{d}s \right)$$

再将最小化优化目标函数的过程转换为最小化 QP 公式的过程。QP 通式可参考下述公式：

$$\min \frac{1}{2} \cdot \boldsymbol{x}^{\mathrm{T}} \cdot \boldsymbol{H} \cdot \boldsymbol{x} + \boldsymbol{f}^{\mathrm{T}} \cdot \boldsymbol{x}$$

$$\text{st } \boldsymbol{LB} \leqslant \boldsymbol{x} \leqslant \boldsymbol{UB}$$

$$\boldsymbol{A}_{\mathrm{eq}} \boldsymbol{x} \leqslant \boldsymbol{b}_{\mathrm{eq}}$$

$$\boldsymbol{A}\boldsymbol{x} \geqslant \boldsymbol{b}$$

$\boldsymbol{LB}$、$\boldsymbol{UB}$ 分别是 s 的上界与下界；$\boldsymbol{A}_{\mathrm{eq}} \boldsymbol{x} \leqslant \boldsymbol{b}_{\mathrm{eq}}$、$\boldsymbol{A}\boldsymbol{x} \geqslant \boldsymbol{b}$ 分别为根据实际约束条件转换得到的约束公式；$\boldsymbol{H}$ 为由优化目标函数形式转换成 QP 公式形式得到的对应矩阵。

下面给出将优化目标函数转换为 QP 公式的实例：

$$f_i(s) = \begin{vmatrix} 1 & s & s^2 & s^3 & s^4 & s^5 \end{vmatrix} \cdot \begin{vmatrix} a_{i0} \\ a_{i1} \\ a_{i2} \\ a_{i3} \\ a_{i4} \\ a_{i5} \end{vmatrix}$$

$$f'_i(s) = \begin{vmatrix} 0 & 1 & 2s & 3s^2 & 4s^3 & 5s^4 \end{vmatrix} \cdot \begin{vmatrix} a_{i0} \\ a_{i1} \\ a_{i2} \\ a_{i3} \\ a_{i4} \\ a_{i5} \end{vmatrix}$$

$$f'_i(s)^2 = \begin{vmatrix} a_{i0} & a_{i1} & a_{i2} & a_{i3} & a_{i4} & a_{i5} \end{vmatrix} \cdot \begin{vmatrix} 0 \\ 1 \\ 2s \\ 3s^2 \\ 4s^3 \\ 5s^4 \end{vmatrix} \cdot \begin{vmatrix} 0 & 1 & 2s & 3s^2 & 4s^3 & 5s^4 \end{vmatrix} \cdot \begin{vmatrix} a_{i0} \\ a_{i1} \\ a_{i2} \\ a_{i3} \\ a_{i4} \\ a_{i5} \end{vmatrix}$$

从而得到

$$\int_0^{d_i} f'_i(s)^2 \mathrm{d}s = |a_{i0}\ a_{i1}\ a_{i2}\ a_{i3}\ a_{i4}\ a_{i5}| \cdot \int_0^{d_i} \begin{vmatrix} 0 \\ 1 \\ 2s \\ 3s^2 \\ 4s^3 \\ 5s^4 \end{vmatrix} \cdot |0\ 1\ 2s\ 3s^2\ 4s^3\ 5s^4|\mathrm{d}s \cdot \begin{vmatrix} a_{i0} \\ a_{i1} \\ a_{i2} \\ a_{i3} \\ a_{i4} \\ a_{i5} \end{vmatrix}$$

最后得到

$$\int_0^{d_i} f'_i(s)^2 \mathrm{d}s = |a_{i0}\ a_{i1}\ a_{i2}\ a_{i3}\ a_{i4}\ a_{i5}| \cdot \begin{vmatrix} 0 & 0 & 0 & 0 & 0 & 0 \\ 0 & d_i & d_i^2 & d_i^3 & d_i^4 & d_i^5 \\ 0 & d_i^2 & \frac{4}{3}d_i^3 & \frac{6}{4}d_i^4 & \frac{8}{5}d_i^5 & \frac{10}{6}d_i^6 \\ 0 & d_i^3 & \frac{6}{4}d_i^4 & \frac{9}{5}d_i^5 & \frac{12}{6}d_i^6 & \frac{15}{7}d_i^7 \\ 0 & d_i^4 & \frac{8}{5}d_i^5 & \frac{12}{6}d_i^6 & \frac{16}{7}d_i^7 & \frac{20}{8}d_i^8 \\ 0 & d_i^5 & \frac{10}{6}d_i^6 & \frac{15}{7}d_i^7 & \frac{20}{8}d_i^8 & \frac{25}{9}d_i^9 \end{vmatrix} \cdot \begin{vmatrix} a_{i0} \\ a_{i1} \\ a_{i2} \\ a_{i3} \\ a_{i4} \\ a_{i5} \end{vmatrix}$$

最后得到一个 6 阶的矩阵来表示 5 阶样条插值的衍生开销。应用同样的推理方法可以得到 2 阶、3 阶样条插值的衍生开销。

平滑过程应考虑如下约束条件：初始点约束、终点约束、平滑点约束、点采样边界约束。

初始点约束：假设第一个点为 (s_0, l_0)，其中 l_0 表示横向的偏移，对应的一阶、二阶导数为 l'_0 和 l''_0。规划路径的起始点衍生开销可以由 $f_i(s)$、$f'_i(s)$、$f''_i(s)$ 计算得到。

将上述约束转换为 QP 约束等式，使用等式：

$$\boldsymbol{A}_{\mathrm{eq}}\boldsymbol{x} = \boldsymbol{b}_{\mathrm{eq}}$$

转换的具体步骤如下：

$$f_i(s_0) = |1\ s_0\ s_0^2\ s_0^3\ s_0^4\ s_0^5| \cdot \begin{vmatrix} a_{i0} \\ a_{i1} \\ a_{i2} \\ a_{i3} \\ a_{i4} \\ a_{i5} \end{vmatrix} = l_0$$

$$f'_i(s_0) = |0\ 1\ 2s_0\ 3s_0^2\ 4s_0^3\ 5s_0^4| \cdot \begin{vmatrix} a_{i0} \\ a_{i1} \\ a_{i2} \\ a_{i3} \\ a_{i4} \\ a_{i5} \end{vmatrix} = l'_0$$

$$f''_i(s_0) = \begin{vmatrix} 0 & 0 & 3\times 2s_0 & 4\times 3s_0^2 & 5\times 4s_0^3 \end{vmatrix} \cdot \begin{vmatrix} a_{i0} \\ a_{i1} \\ a_{i2} \\ a_{i3} \\ a_{i4} \\ a_{i5} \end{vmatrix} = l''_0$$

其中, i 是包含的样条段 s_0 的索引值。

终点约束：和起始点相同，终点 (s_e, l_e) 也应当按照起始点的计算方法生成约束条件。将起始点和终点组合在一起，得出约束等式为

$$\begin{vmatrix} 1 & s_0 & s_0^2 & s_0^3 & s_0^4 & s_0^5 \\ 0 & 1 & 2s_0 & 3s_0^2 & 4s_0^3 & 5s_0^4 \\ 0 & 0 & 2 & 6s_0 & 12s_0^2 & 20s_0^3 \\ 1 & s_e & s_e^2 & s_e^3 & s_e^4 & s_e^5 \\ 0 & 1 & 2s_e & 3s_e^2 & 4s_e^3 & 5s_e^4 \\ 0 & 0 & 2 & 6s_e & 12s_e^2 & 20s_e^3 \end{vmatrix} \cdot \begin{vmatrix} a_{i0} \\ a_{i1} \\ a_{i2} \\ a_{i3} \\ a_{i4} \\ a_{i5} \end{vmatrix} = \begin{vmatrix} l_0 \\ l'_0 \\ l''_0 \\ l_e \\ l'_e \\ l''_e \end{vmatrix}$$

平滑结点约束：该约束的目的是使样条的结点更加平滑。假设两个段 seg_k 和 seg_{k+1} 互相连接，且 seg_k 按结点的累计值 s 为 s_k。计算约束的等式为

$$f_k(s_k) = f_{k+1}(s_0)$$

计算的具体步骤为：

$$\begin{vmatrix} 1 & s_k & s_k^2 & s_k^3 & s_k^4 & s_k^5 \end{vmatrix} \cdot \begin{vmatrix} a_{k0} \\ a_{k1} \\ a_{k2} \\ a_{k3} \\ a_{k4} \\ a_{k5} \end{vmatrix} = \begin{vmatrix} 1 & s_0 & s_0^2 & s_0^3 & s_0^4 & s_0^5 \end{vmatrix} \cdot \begin{vmatrix} a_{k+1,0} \\ a_{k+1,1} \\ a_{k+1,2} \\ a_{k+1,3} \\ a_{k+1,4} \\ a_{k+1,5} \end{vmatrix}$$

同样地，可以为下述等式计算约束等式：

$$f'_k(s_k) = f'_{k+1}(s_0)$$
$$f''_k(s_k) = f''_{k+1}(s_0)$$
$$f'''_k(s_k) = f'''_{k+1}(s_0)$$

点采样边界约束：在路径上均匀地取 m 个点，检查这些点上的障碍物边界。将这些约束转换为 QP 约束不等式，使用不等式：

$$\boldsymbol{Ax} \geqslant \boldsymbol{b}$$

首先基于道路宽度和周围的障碍物找到点 (s_j, l_j) 的下边界 $l_{\text{lb},j}$，且 $j \in [0, m]$。计算约束的不等式为

$$\begin{vmatrix} 1 & s_0 & s_0^2 & s_0^3 & s_0^4 & s_0^5 \\ 1 & s_0 & s_0^2 & s_0^3 & s_0^4 & s_0^5 \\ \vdots & \vdots & \vdots & \vdots & \vdots & \vdots \\ 1 & s_m & s_m^2 & s_m^3 & s_m^4 & s_m^5 \end{vmatrix} \cdot \begin{vmatrix} a_{i0} \\ a_{i1} \\ a_{i2} \\ a_{i3} \\ a_{i4} \\ a_{i5} \end{vmatrix} \geqslant \begin{vmatrix} l_{\text{lb},0} \\ l_{\text{lb},1} \\ \vdots \\ l_{\text{lb},m} \end{vmatrix}$$

同样地,对上边界,计算约束的不等式为:

$$\begin{vmatrix} 1 & s_0 & s_0^2 & s_0^3 & s_0^4 & s_0^5 \\ 1 & s_0 & s_0^2 & s_0^3 & s_0^4 & s_0^5 \\ \vdots & \vdots & \vdots & \vdots & \vdots & \vdots \\ 1 & s_m & s_m^2 & s_m^3 & s_m^4 & s_m^5 \end{vmatrix} \cdot \begin{vmatrix} a_{i0} \\ a_{i1} \\ a_{i2} \\ a_{i3} \\ a_{i4} \\ a_{i5} \end{vmatrix} \leqslant \begin{vmatrix} l_{\text{ub},0} \\ l_{\text{ub},1} \\ \vdots \\ l_{\text{ub},m} \end{vmatrix}$$

确定了上述约束条件后,最小化 QP 目标函数后得到的曲线即为平滑后的路径。

3)基于汽车运动学和动力学的轨迹优化

无人驾驶系统路径规划的目的在于为汽车控制和路径跟踪提供汽车安全可行的路径。如果在路径规划的环节考虑汽车运动学和动力学特性,那么将更容易控制汽车跟踪路径,路径跟踪的效果也会更好。因此在路径规划环节引入反映汽车运动学和动力学关系的模型是必要的。

汽车在地面的运动过程是非常复杂的,如果想要准确描述这一过程,必须建立复杂的汽车运动学和动力学模型。然而在实际应用中模型的复杂程度越高计算量越大,计算机的负担也越重。对于高速行驶的智能汽车,计算机的计算时间是有限的,所以对模型的简化显得尤为重要。

图 4.19 为汽车简化后的两轮二自由度转向模型。

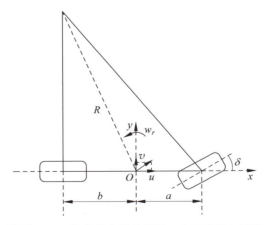

■图 4.19 汽车简化后的两轮二自由度转向模型

根据二自由度转向模型可知汽车稳态横摆角速度增益为:

$$\frac{\omega_r}{\delta} = \frac{u/L}{1 + Ku^2}$$

则稳态横摆角速度为：

$$\omega_r = \frac{u\delta}{L(1+Ku^2)}$$

其中，$K = \frac{m}{L^2}\left(\frac{a}{k_2} - \frac{b}{k_1}\right)$，$m$ 为目标汽车质量，a 为目标汽车质心距离前轴的距离，b 为目标汽车距离后轴的距离，L 为目标汽车轴距，即 a 与 b 之和，k_1 为前轮侧偏刚度，k_2 为后轮侧偏刚度，u 为目标汽车在车身坐标系下沿 x 轴方向的速度分量，δ 为前轮转角。

稳态时的汽车转弯半径 R 为：

$$R = \frac{u}{\omega_r} = \frac{L(1+Ku^2)}{\delta}$$

假设目标汽车当前时刻所处位置为 (X_0, Y_0)，航向角为 θ_0，经过时间 t 后，目标汽车所处位置为 (X_t, Y_t)，航向角为 θ_t，则目标汽车航向角的变化量 θ 为

$$\theta = \omega_r \cdot t$$

图 4.20 中未来 t 时间后目标汽车所处位置在 x 轴和 y 轴上的增量为 Δx 和 Δy，则：

$$\Delta x = R\sin\theta = \frac{L(1+Ku^2)}{\delta}\sin\left(\frac{u\delta}{L(1+Ku^2)}t\right)$$

$$\Delta y = R - R\cos\theta = R(1-\cos\theta) = \frac{L(1+Ku^2)}{\delta}\left(1-\cos\left(\frac{u\delta}{L(1+Ku^2)}t\right)\right)$$

则在 t 时刻后，目标汽车所处位置为

$$\begin{cases} X_t = X_0 + \Delta x \\ Y_t = Y_0 + \Delta y \end{cases}$$

航向角为：

$$\theta_t = \theta_0 + \theta$$

由以上汽车运动学模型公式推导可知，在某一车速下，给定一个前轮转角，可以推断经过时间 t 后汽车所处位置和航向，如图 4.20 所示。

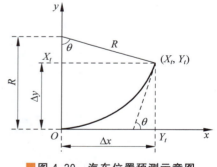

图 4.20 汽车位置预测示意图

约束几乎存在于所有的力学系统当中，研究力学系统就要考虑约束的存在。例如，存在于刚体内部的两个质点之间距离不会发生改变，轮子无滑动地滚动，铰链连接的两个刚体，等等。这些力学系统中由于存在相互之间的限制，要求某些状态不发生改变，具体反映出来的就是系统内部各个质点的位置和速度被限制。坐标和速度被限制的条件称为约束条件。

可积分的运动约束与几何约束在物理实质上没有区别，合称为完整约束。不可积的运动约束即不能化为几何约束的运动约束，在物理实质上不同于几何约束，称为非完整约束。由于无人驾驶系统的速度项无法通过积分变换转化为系统对应的空间位置，使得系统的控制变量个数少于系统位姿自由度，因此无人驾驶系统就是一个典型的非完整性约束系统。由于无人驾驶系统是一个受非完整性约束的非线性系统，因此汽车进行路径规划的时候不

仅仅要满足几何约束和运动学约束,还要满足汽车动力学约束。

在车速一定的情况下,汽车行驶轨迹的曲率与汽车的侧向加速度成正比,而汽车在实际运动过程中产生的侧向加速度受多个因素限制,如发动机动力水平、轮胎特性、地面附着系数等,并且为了为乘坐人员提供舒适的驾乘体验,侧向加速度也不宜过大而且是越小越好。因此侧向加速度 a_{lat} 存在如下约束:

$$|a_{\text{lat}}| \leqslant a_{\text{max\_lat}}$$

式中,$a_{\text{max\_lat}}$ 为最大侧向加速度。

$$a_{\text{lat}} = \frac{u^2}{R} = \frac{u^2 \delta}{L(1+Ku^2)}$$

$$\delta = a_{\text{lat}} \frac{L(1+Ku^2)}{u^2}$$

$$-a_{\text{max\_lat}} \frac{L(1+Ku^2)}{u^2} \leqslant \delta \leqslant -a_{\text{max\_lat}} \frac{L(1+Ku^2)}{u^2}$$

根据上述三个式子,推导可知前轮转角与汽车侧向加速度正相关,而前轮转角与方向盘转角的关系由转向系传动比决定。因此一定车速下方向盘转角越大,侧向加速度就越大,侧向加速度的约束可以转化为一定车速下对方向盘转角范围的约束,同时由于受转向系统机械结构的限制,方向盘转角变化连续且有界。

前面介绍了路径搜索和路径拟合的方法,但是产生的路径仅仅是考虑了道路和障碍约束,并没有考虑来自汽车自身的运动学和动力学约束。为此通过前面基于对汽车运动学和动力学模型的分析、推导产生路径簇,从路径簇的候选路径中选择最优轨迹提供给路径跟踪系统。

在车速一定的情况下,不同的前轮转角输入可以推测一段时间后汽车所处的位置和航向,利用不同的前轮转角可以生成轨迹簇。由上式可知前轮转角范围有限而且连续。根据上一时刻前轮的实际转角为参考,在其一定范围内均匀离散产生一组(n 个)转角,但要确保转角在要求的范围之内,由这一组转角再推断经过 m 个规划周期汽车的位置。

通过下式计算指标 w 来评价每条局部路径与规划路径的接近程度:

$$w = \sum_{t=1}^{m} [(x_g^t - x_l^t)^2 + (y_g^t - y_l^t)^2]$$

然后从这一组 $w_1, w_2, w_3, \cdots, w_n$ 中找出最小的 w 所对应的局部路径,此即为最优局部路径。

图 4.21 为最优局部路径的选择。

2. 汽车速度规划

当局部路径规划给定了一条或者若干条选出的路径曲线之后,运动规划模块需要解决的后续问题是在此局部路径的基础上加入与速度相关的信息,这一问题被称为速度规划。

速度规划的目标是在给定的局部路径曲线上,在满足反馈控制的操作限制及符合行为决策的输出结果这两个前提下,将路径点赋予速度及加速度信息。速度规划主要考虑的是对动态障碍物的规避。

速度规划有以下常见的方法:

(1) 对路径指定线加速度来生成速度:线加速度可以是某一常数,或是由比例-微分控

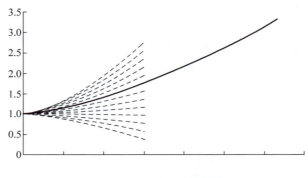

图 4.21 最优局部路径的选择

制器来生成。

(2) 样条插值：在给定时间内通过一段给定路径的速度生成问题。其解决方案是将时间域划分为若干区间，使用速度关于时间的三次样条函数来插值。这一方法容易产生加速度变化率较大的问题。

(3) 函数拟合：直接用速度关于路径长度的二次多项式来生成速度。这种方法较为简单。

(4) 目标时刻点法：速度规划部分首先根据对障碍物未来运动状态的预测，在规划路径与时间这两个维度构成的二维图中标记障碍物在未来一段时间内所占据的区域。以目标汽车当前车速匀速通过规划路径所需的时间为基准，根据一定原则创建一组目标时刻点，在此二维图中以目标时刻点为目标点搜索产生一组速度规划方案。

(5) QP 算法：这一方法引入了 S-T 图的概念，并把自动驾驶汽车速度规划归纳为 S-T 图上的搜索问题进行求解。S-T 图是一个关于给定局部路径纵向位移和时间的二维关系图。任何一个 S-T 图都基于一条已经给定的轨迹曲线。根据自动驾驶汽车预测模块对动态障碍物的轨迹预测，每个动态障碍物都会在这条给定的路径上有投影，从而产生对于一定 S-T 区域的覆盖。

1) 障碍物预测

当环境中出现移动障碍的时候，移动障碍会在未来某些时刻 (t_1、t_2、t_3) 占据已经规划好的路径。如果目标汽车仍然以当前车速匀速行驶，有可能会在未来的某一时刻与移动障碍相碰撞。图 4.22 所示为障碍物未来轨迹预测示意图。

根据移动障碍当前所处位置 ($x_{0_{obj}}$, $y_{0_{obj}}$)、速度 ($vx_{0_{obj}}$, $vy_{0_{obj}}$)、加速度 ($ax_{0_{obj}}$, $ay_{0_{obj}}$)，可以预测经过时间 t 后移动障碍所处位置 ($x_{t_{obj}}$, $y_{t_{obj}}$)：

$$\begin{cases} x_{t_{obj}} = x_{0_{obj}} + vx_{obj} \times t + \frac{1}{2} \times ax_{obj} \times t^2 \\ y_{t_{obj}} = y_{0_{obj}} + vy_{obj} \times t + \frac{1}{2} \times ay_{obj} \times t^2 \end{cases}$$

用矩阵表示为：

$$\boldsymbol{Y} = \begin{bmatrix} x_{t_{obj}} \\ y_{t_{obj}} \end{bmatrix}, \quad \boldsymbol{X} = \begin{bmatrix} 1 \\ t \\ t^2 \end{bmatrix}, \quad \boldsymbol{A} = \begin{bmatrix} x_{0_{obj}} & vx_{obj} & \frac{1}{2} \times ax_{obj} \\ y_{0_{obj}} & vy_{obj} & \frac{1}{2} \times ay_{obj} \end{bmatrix}$$

第4章 汽车运动规划

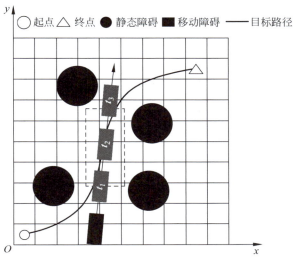

■图 4.22 障碍物未来轨迹预测示意图

$$Y = AX$$

得到 t 时刻移动障碍所处位置 Y 后,根据移动障碍轮廓计算其覆盖区域 Q:

$$Y \Rightarrow Q$$

图 4.23 所示为障碍物覆盖区域与规划轨迹的交集示意图。

计算 Q 与规划路径 S 的交集 ΔS:

$$\Delta S = Q \cap S$$

那么,ΔS 与 t 一一对应。

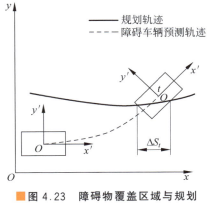

■图 4.23 障碍物覆盖区域与规划轨迹的交集示意图

2)S-T 图生成

S-T 图是已经规划完成的路径纵向位移与时间之间的二维关系图(见图 4.24)。前面已经获得 ΔS 关于 t 的信息,那么可以在 S-T 图中标记某一时刻 t 在路径 S 上占据的某一段路径 ΔS。如图 4.24 所示,假如移动障碍物经过了规划路径,那么因为移动障碍物在一段时间内占据了规划路径,在 S-T 图中将会有一块覆盖区域。

图 4.24 中 S_{goal} 为规划路径的长度。虚线代表的是目标汽车以当前车速匀速沿规划路径行驶,用时记为 t_a。可以发现在某些时刻目标汽车和移动障碍将会同时出现在期望路径的某一位置,这意味着目标汽车将与移动障碍碰撞。实线代表的是目标汽车从当前时刻开始以最大加速度加速通过期望路径,用时记为 t_{min}。

3)S-T 图栅格化

对 S-T 图栅格化。为了有利于在 S-T 图中进行路径搜索,需要对 S-T 图进行离散化、网格化。根据需要确定采样周期和规划路径的路径点间隔,如图 4.25 所示。

从当前时刻开始根据采样周期针对未来某一时刻 t_k 计算移动障碍所处位置 Y_k,其中 k 为 $1 \sim c$ 的自然数,c 的值根据移动障碍离开规划路径的时刻确定。t_k 与 t_{k+1} 之间的时间差

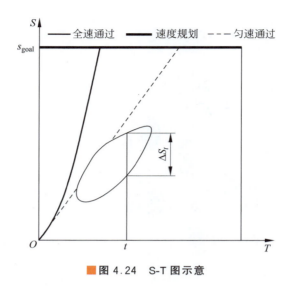

图 4.24　S-T 图示意

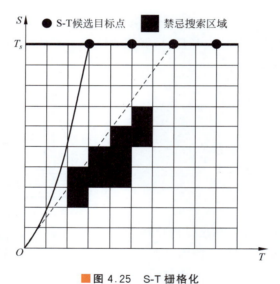

图 4.25　S-T 栅格化

为采样周期。

$$\boldsymbol{X}_k = \begin{bmatrix} 1 \\ t_k \\ t_k^2 \end{bmatrix}, \quad \boldsymbol{Y}_k = \begin{bmatrix} x_{t_k} \\ y_{t_k} \end{bmatrix}, \quad k \in (1,c) \text{ 且 } k \in \mathbf{N}$$

$$\boldsymbol{Y}_k = \boldsymbol{A}\boldsymbol{X}_k$$

$$\boldsymbol{Y}_k \Rightarrow Q_k$$

$$\Delta S_k = Q_k \bigcap S_{xy}$$

最终得到 ΔS_k,ΔS_k 中包含在时刻 tk 移动障碍在采样后的期望路径点上的投影。将 tk 与 ΔS_k 相对应的标记在网格化后的 S-T 图上,此即为 S-T 搜索图。

4) 创建目标时刻点

创建 S-T 搜索图的目的在于为搜索算法提供搜索空间。从 t_a 与 $t_{\min}$ 中选择较小的值记为 $T_{t_{\min}}$,从 $T_{t_{\min}}$ 开始向后等间隔产生一组时刻点,这些时刻点(包括 $T_{t_{\min}}$)用 T_{t_r}($r \in \mathbf{N}$ 且 $r \neq 0$)表示,数目由移动障碍在 S-T 图中占据的区域而定。T_{t_r} 被称为目标时刻,T_{t_r} 的集合记为 T_T,T_T 被称为目标时刻集。同时产生与之数量相匹配的一组 T_{s_r},T_{s_r} 的大小与 S_{goal} 相等,被称为目标路径点,这一组 T_{s_r} 的集合记为 T_S,称为目标路径点集。T_T 与 T_S 中的元素一一对应,并且对应了 S-T 图上 T_S 线上的一组点,这组点称为目标时刻点。

5) 搜索产生路径

结合上游行为决策输出的信息,速度规划可以灵活设置障碍物体周边的代价(Cost),达到调整速度方案的目的。当上游决定针对物体 a 进行抢先决策时,在 S-T 图上物体 a 运动路径上方的网格的 Cost 就可以调成偏小。同时,为了避免任何潜在的碰撞,所有动态障碍物体的路径经过的网格的 Cost 都需要调大。

除此之外,还需要考虑一条给定速度方案在加速度等方面的 Cost。例如,S-T 图上过于"陡峭"的曲线代表加速度大甚至不连续,这样很有可能导致反馈控制模块(Feedback Control)无法实际执行。所以,每条曲线所对应的速度方案均有一个整体的 Cost。实际上,根据上游(决策)输出和下游(控制)限制来调整 Cost,是速度规划中的 S-T 图算法的关键设置。在设置好 Cost 的基础上,最小 Cost 局部路径的产生可以用类似 A^* 或者 Dijkstra 等简单搜索算法实现。在得到了最小 Cost 的 S-T 路径后,可以简单算出局部路径上任何一个位置对应的速度(对应 S-T 图任意点斜率)和加速度(斜率的导数),从而完成速度规划的计算。

基于路径搜索算法针对每一个 S-T 候选目标点,在 S-T 禁忌搜索空间中搜索产生从起点到目标点的路径,如图 4.26 所示。

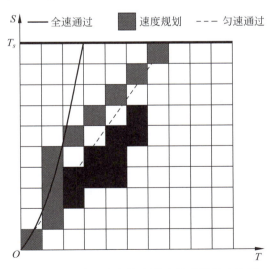

图 4.26 基于路径搜索算法的路径搜索结果

6) 速度平滑

通过路径搜索算法在 S-T 禁忌搜索图中找到一条从起点到目标点的路径的时候,由于对原有 S-T 图的离散采样,所以得到的路径也是曲折且离散的。为了获得平滑的路径曲线,可以利用多项式回归分析对离散路径点进行拟合,此外,QP 算法同样可应用于速度平滑过程中。图 4.27 所示为速度规划轨迹平滑的结果示意图。

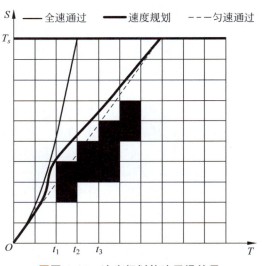

图 4.27 速度规划轨迹平滑结果

(1) 多项式回归介绍。

统计学中定量地找出两种或两种以上变量之间的对应关系称为回归分析。根据自变量的个数、因变量的类型和回归线的形状等信息将回归分析的方法分为线性回归、逻辑回归、多项式回归、逐步回归、岭回归、套索回归等。

按照自变量和因变量之间的关系类型,回归分析可分为线性回归分析和非线性回归分析。研究一个因变量与一个或多个自变量间多项式的回归分析方法,称为多项式回归。如果自变量只有一个时,称为一元多项式回归;如果自变量有多个时,称为多元多项式回归。多项式回归的优势在于仅仅通过改变自变量的次数构建多项式去逼近数据点,不存在其他复杂的函数。

一元 m 次多项式回归方程为:

$$\hat{y} = b_0 + b_1 x + b_2 x^2 + \cdots + b_m x^m$$

二元二次多项式回归方程为:

$$\hat{y} = b_0 + b_1 x_1 + b_2 x_2 + b_3 x_1^2 + b_4 x_2^2 + b_5 x_1 x_2$$

对回归方程的拟合函数建立损失函数,用于评价拟合程度的好坏,损失函数的值越小,拟合程度越好。当损失函数为最小值时,则对应的参数 θ 为最优参数,即此时拟合达到最优。在回归分析中常用最小二乘法构建损失函数,最小二乘法又称最小平方法,它是通过求拟合函数值与给定数据之间平方和最小的方式,使得函数逼近给定数据,得到最优的函数方程。

求最小损失函数值的方式有两类:一是利用最大似然和最小二乘法等对损失函数求导并且令导数为零,直接得到解析解;二是基于迭代算法,迭代优化求解。第一类方法因为要求逆矩阵,对于数据量小的问题可以快速有效地得到解析解,但是对于数据量大的问题求解逆矩阵需要消耗大量计算机内存,这是不现实的,所以通过第二类方法求解此类问题是最好的选择。

(2) 多项式回归在速度平滑中的应用。

速度规划中通过路径搜索产生的路径点数量巨大,而且对计算机计算时间也有要求,所以对速度规划路径点进行回归分析通过迭代寻优的方式完成。以基于5次曲线的多项式为例,对其对应5次多项式的系数进行迭代寻优,从而获取平滑后的速度曲线。

在对 S-T 图中的路径点进行5次曲线拟合得到速度规划方案时,需要考虑目标汽车在 t 为0时当前时刻目标汽车的速度值和加速度值以及 S-T 图中创建的目标时刻点。也就是说利用5次曲线对 S-T 图中速度规划路径点的拟合,是一个包含等式约束的优化问题。

当通过路径搜索算法在 S-T 图中搜索产生路径后,可以获取一组路径点 $(t_i,s_i)(i=0,1,2,\cdots,m)$。用于速度规划路径点的5次拟合函数为:

$$s(t)=k_0+k_1t+k_2t^2+k_3t^3+k_4t^4+k_5t^5$$

由此可以构建损失函数:

$$J(k_0,k_1,k_2,k_3,k_4,k_5)=\frac{1}{2m}\sum_{i=1}^{m}(h_k(t_i)-s_i)^2$$

在速度规划中,目标汽车在轨迹上所处的位置用 s 表示,速度用 s' 表示,加速度用 s'' 表示,则在时刻 t,目标汽车的车速为:

$$s'(t)=k_1+2k_2t+3k_3t^2+4k_4t^3+5k_5t^4$$

目标汽车加速度为:

$$s''(t)=2k_2+6k_3t+12k_4t^2+20k_5t^3$$

已知 $t=0$ 时初始状态下目标汽车在规划轨迹上所处位置、汽车速度、汽车加速度为已知量,即

$$s(0)=k_0=s_{t=0}$$
$$s'(0)=k_1=s'_{t=0}$$
$$s''(0)=2k_2=s''_{t=0}$$

并且可以知道目标时刻点信息,即存在

$$s(t_r)=k_0+k_1t_r+k_2t_r^2+k_3t_r^3+k_4t_r^4+k_5t_r^5=s_t$$

那么联立可得:

$$\begin{cases}k_0=s_{t=0}\\k_1=s'_{t=0}\\k_2=\dfrac{1}{2}s''_{t=0}\\k_3=\dfrac{s_t}{t_r^3}-\dfrac{s_{t=0}}{t_r^3}-\dfrac{s'_{t=0}}{t_r^2}-\dfrac{s''_{t=0}}{2t_r}-k_4t_r-k_5t_r^2\end{cases}$$

损失函数可以表示为仅关于 k_4,k_5 的表达式,即

$$J(k_4,k_5)=\frac{1}{2m}\sum_{i=1}^{m}(h_k(t_i)-s_i)^2$$

则 k_4,k_5 的梯度分别为:

$$\frac{\partial}{\partial k_4}J(k_4,k_5)=\frac{\partial}{\partial k_4}\frac{1}{2m}\sum_{i=1}^{m}(h_k(t_i)-s_i)^2=\frac{1}{m}\frac{1}{2m}\sum_{i=1}^{m}[(h_k(t_i)-s_i)(t_i^4-t_rt_i^3)]$$

$$\frac{\partial}{\partial k_5}J(k_4,k_5)=\frac{\partial}{\partial k_5}\frac{1}{2m}\sum_{i=1}^{m}(h_k(t_i)-s_i)^2=\frac{1}{m}\frac{1}{2m}\sum_{i=1}^{m}[(h_k(t_i)-s_i)(t_i^5-t_r^2t_i^3)]$$

梯度下降寻优的过程就是不断更新 k_4,k_5。

求最小损失函数值的过程：

$$k_4=k_4+\alpha\frac{1}{m}\sum_{i=1}^{m}[(h_k(t_i)-s_i)(t_i^4-t_rt_i^3)]$$

$$k_5=k_5+\alpha\frac{1}{m}\sum_{i=1}^{m}[(h_k(t_i)-s_i)(t_i^5-t_rt_i^3)]$$

当损失函数值收敛于允许误差之内时，认为找到最优解，此时得到的 k_4,k_5 可以最终确定对给定的路径点拟合程度最好的拟合函数方程。

（3）QP 算法在速度平滑中的应用。

参考 QP 算法在路径平滑中的应用，可以采用同样的方法对 S-T 速度规划曲线结果进行平滑。

与 QP 平滑算法对比，多项式回归的平滑算法没有考虑 S 约束，导致平滑出的路径可能会发生碰撞。

4.2.4 机器学习在局部路径规划中的应用

1. 概述

1）模仿学习

状态-动作的映射关系可以通过在专家示例数据中学习得到。基于直接监督学习框架在这方面得到了广泛应用。但是这种学习缺乏对环境的整体认知，仅适用于有限或简单的场景，同时还需要收集大量的数据用于训练。数据的数量、质量、覆盖面对于模仿学习十分重要。一旦被应用于新的场景环境中，汽车的驾驶行为将变得难以预测。另外，模仿学习需要特别关注协变量转移问题。环境随着时间推移可能发生剧烈变化，有许多研究专门用于解决模仿学习在这方面所存在的问题，但这些方法通常依赖于收集更多的专家数据。对于大尺度问题，这一系列数据采集过程将非常低效。此外，在一些应用中，例如自动驾驶，由于汽车与周围障碍物之间存在复杂的交互和约束关系，场景和状态通常难以重现。对于 L4 级别的自动驾驶系统，通过模仿学习手段来获取状态-动作映射关系并不容易。此外多重模型的存在也会降低训练速度。

2）基于激励函数的优化

通过最大化激励函数来生成驾驶行为的方法要更为普遍。这一类方法将空间离散成不同栅格后，再应用诸如动态规划或者其他数学优化手段的搜索方法。激励/代价函数由专家数据提供或者通过逆向增强学习得到。

3）逆向增强学习

逆向增强学习（Inverse Reinforcement Learning，IRL）通过将专家示例数据与生成的轨迹或者优化激励函数的策略相比较来学习得到激励函数。可以通过期望特征匹配的方法来学习得到激励函数，或者直接将这一过程延伸为更广泛的最大化边界条件的优化问题。然而，通过特征期望匹配进行的优化十分模糊：它需要位于策略子空间中的优化策略，策略子空间中的行为虽然不是最优的，但仍能与示例行为相匹配。最大化交叉熵损失的 IRL 框架可以解决这个问题,通过解决路由寻径问题可以证明该方法的有效性。然而,大多数 IRL 方法在计算上代价非常高,因为需要通过增强学习或采样以在激励函数更新的每一次迭代中生成相应策略。

当前 IRL 方法对解决具备一定量专家数据和训练时间前提的任务非常有效。但当这种基于学习的方法应用于自动驾驶运动规划问题的时候仍然存在很多难点。首先,自动驾驶系统需要保证公共道路交通的安全,这一点在训练和测试过程中十分重要,很多基于学习的方法需要足够的线上训练以从实际驾驶环境中收集足够的反馈数据,而这一过程很有可能危及道路安全。其次,自动驾驶数据的再现很困难,不同场景中的专家驾驶数据很容易收集,但要在仿真环境中再现则难度非常大,因为这一部分数据包含主车与周围环境的复杂交互。最后,自动驾驶运动规划器不仅需要应对动态变化的复杂交通环境,还需要在每时每刻遵循交通规则,而增强学习系统地将这些约束条件整合起来并不简单。以上这几点都使得自动驾驶运动规划器进行由数据驱动的运动规划具有很大挑战性。

2. 基于增强学习的最优轨迹训练

接下来以基于百度 Apollo 平台的自整定的运动规划系统为例进行介绍。对于解决运动规划器的普适性和提升规划能力有很大作用,这种系统包含在线轨迹优化以及线下的参数整定,如图 4.28 所示。

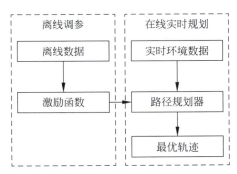

图 4.28 自整定的运动规划系统

在线模块负责在满足约束条件的前提下,基于给定的激励函数进行轨迹优化。运动规划模块无须限定用特定的方法完成,可以用基于采样的优化、动态规划甚至是增强学习来生成轨迹。但这些规划方法将由定量分析其优化性和鲁棒性的矩阵来进行评估,其中优化性通过优化轨迹与所生成轨迹的激励函数值之间的差异来衡量,而鲁棒性由特定场景下生成轨迹的方差来衡量。在此基础上,通过仿真和路测提供对于运动规划模块的功能进行最终测试。

离线整定模块负责生成能应用于不同驾驶场景的激励/代价函数。激励/代价函数包含描述轨迹光滑性以及本车与环境间的交互的特征因素,并可以通过仿真和道路测试来进行调试整定,如图 4.29 所示。测试参数的效果需要仿真和路测来验证,反馈环节是耗时最长的,需要在上千计的驾驶场景中对参数性能进行验证。这些驾驶场景通常包含城市、高速公路、拥挤道路等,为了调试得到满足上述不同场景的激励函数,传统的思路是将这一过程由简单场景拓展到复杂场景,在这种方式下,若当前参数在新场景中效果欠佳,需要进一步对参数进行调试甚至扩展参数范围,调参效率将非常低效。而如果用基于序列的条件逆向增强学习框架来针对自动驾驶运动规划激励/代价函数的参数调整,则可以有更好的效果。

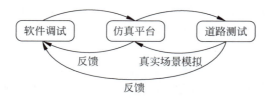

■ 图 4.29　运动规划模块参数调试整定过程

在线轨迹评估与离线激励函数训练过程如图 4.30 所示。原始特征生成以环境数据作为输入并对采样得到的或取自人类专家的轨迹数据进行评估，轨迹采样工具（Trajectory Sampler）为在线和离线模块提供候选轨迹。在线评估模块中，从轨迹中提取原始特征（Raw Features）后，激励/代价函数对其进行打分并进行排序，得分最高的轨迹作为最终轨迹输出。当然，轨迹输出也可以通过动态规划方法（例如基于搜索的算法）得到。

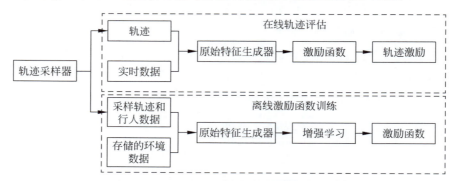

■ 图 4.30　在线轨迹评估与离线激励函数训练过程

激励/代价函数参数训练基于 SIAMESE 网络结构实现。以马尔可夫决策为基础对轨迹进行如下描述：$\xi = (a_0, s_0, \cdots, a_N, s_N) \in \Xi$，空间 Ξ 是轨迹采样空间。以下值函数对轨迹初始状态进行评估：

$$V^\xi(s_0) = \sum_{t=1}^{N} \gamma_t R(a_t, s_t)$$

上述值函数是不同时刻点下激励函数值的线性组合。原始特征生成模块基于当前状态和动作提供一系列特征，这些特征以 $f_j(a_t, s_t), j = 1, 2, \cdots, K$ 进行表达。选择以下激励函数 R 作为所有特征和参数 $\theta \in \Omega$ 的函数：

$$R_\theta(a_t, s_t) = \widetilde{R}(f_1, f_2, \cdots, f_K, \theta)$$

$\widetilde{R}$ 可以是所有特征的线性组合，或者是以特征作为输入的神经网络关系。这种神经网络可以视为进一步获取状态-动作映射内部特征的编码过程。这一训练过程称为 RC-IRL，图 4.31 为其网络示意图。其中，ξ_H 代表人类专家演示数据，ξ_S 代表空间 Ξ 下随机生成的采样轨迹。

人类专家数据与采样轨迹共享相同的参数设定，损失函数 L 用以对采样轨迹数据与通过值函数训练网络输出得到的轨迹之间的差异进行评估。损失函数是一个非负实数函数，用来量化模型预测和真实标签之间的差异。最小化损失函数的过程，即为通过对参数的迭代使得人类驾驶轨迹的代价小于随机采样轨迹的代价。这里假定了人类轨迹

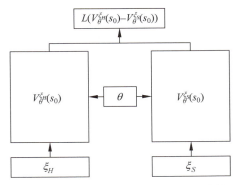

图 4.31　RC-IRL 的 SIAMESE 网络结构

是最优的。

损失函数定义如下，其中 $a=0.05$：

$$L(y) = \begin{cases} y, & y \geqslant 0 \\ ay, & y < 0 \end{cases}$$

值函数训练网络结构如图 4.32 所示。

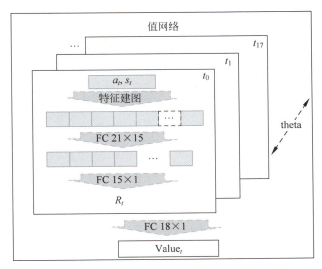

图 4.32　SIAMESE 模型内部的值函数网络结构

4.3　驾驶舒适度评价体系

自动驾驶汽车的能力评价体系对于完善更好的自动驾驶功能有着举足轻重的作用。自动驾驶能力可从汽车功能、系统性能、用户体验三方面进行研究，这三方面进一步可分别对应于场景-功能性评价体系、系统-可靠性评价体系、驾驶-舒适性评价体系。而对于自动驾驶系统运动规划而言，驾驶舒适度评价体系与其优化和完善紧密相连，在运动规划模块的设计、测试过程中考虑用户体感因素，对于提升自动驾驶汽车的用户体验十分有帮助。

以百度提出的"丝路计划"为例介绍驾驶舒适度评价体系的建设过程。框架如图4.33所示。

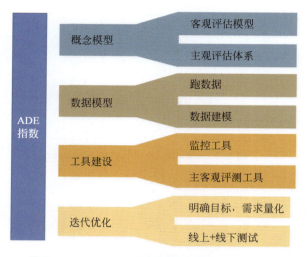

图4.33 ADE(自动驾驶舒适度)指数评价框架

首先建立驾驶舒适度概念模型,包含客观评估模型与主观评估体系两个层面。

主观评估模型的搭建需要以"主观评估用户库"确定评估人的标准和原则为前提。对外在用户层面,主观评估维度需要可感知、可描述、可评估;对内在研发层面,主观评估则需要建立在驾驶场景和行为上推导出相应的矩阵。同时,在用户端建立可常规进行的标准测试方法。

客观评估模型在量化后将得出 ADE 指数,如图 4.34 所示,这时需要大量数据作为模型搭建基础。数据模型用以辅助客观模型,完善模型维度需要通过模型边界样本采集来完成。数据采集需要以体感问题为依据,包括主观数据搜集及客观数据采集两部分,按照数据特征分为开环数据与闭环数据。为得出 ADE 指标,可采取以下步骤进行处理:①请乘客乘车体验分别为不舒适、较舒适、非常舒适的"新手司机""通勤司机""首汽专车司机"三类司机完成驾驶,参与样本采集的乘客对乘车体验进行打分;②训练样本,聚类得到三类舒适度的界限 a、b,将舒适度指数分为三级,分别为不舒适(未达到乘坐标准)、较舒适(达到普通乘坐标准)、舒适(达到国宾级标准)。

图4.34 ADE 指数分级

基于 ADE 指数,分三层对客观评价模型进行构建,如图 4.35 所示。

第一层为行车动作层,用以描述当前版本在标准体感测试场景下的能力,具体而言,在覆盖城市路网中从 80% 驾驶场景的行车动作场景中挑选 N 个,对体感进行评分,得到 N 边雷达图;第二层为感官层,用以描述各个行车动作场景下各个体感指标定义,具体而言,基于各行车动作带来的主要乘车感受(如推背感、离心感等),建立 M 边雷达图(M 为主要感

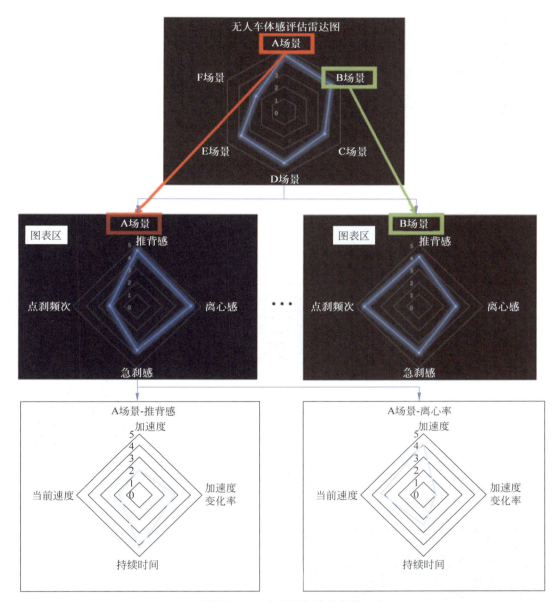

图 4.35 客观评价模型分层

官个数)对各个场景下体感进行评分;第三层为 Metric 层,基于与各感官相关联的行车指标(如速度、加速度、持续时间)等,建立 M 边雷达图(M 为影响该感官的行车指标数量),针对影响该感官的行车指标综合进行感官评分。Metric 层的所有指标可以直接对接到汽车底盘的 CAN 报文。

图 4.36 中,加粗外围多边形边界为各层级体感实际得分;加粗内部多边形边界为各层级指标的报警阈边界/范围。最后在 Metric 层中,各指标要进行归一化处理。

接下来需要对评估体系的表征工具进行建设,如监控工具,用以对 ADE 指数进行实时监控;主/客观评测工具,从两方面进行驾驶舒适度的评价。主观评测工具面向的对象为体

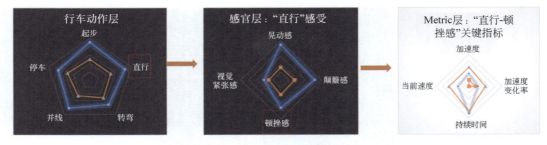

■ 图4.36 客观评价模型示例

感评估主观测试者,需考虑在线化(如电子表格)、移动化(如手机 App)、智能化(如未来可考虑采用的生物信号直接采集分析)三方面因素,如图4.37所示。客观评测工具面向测试人员、研发人员,需考虑常规化(如监控平台、数据平台),便捷化(如仿真平台),可视化(如车载体感跑分系统、实时体感报告)三方面因素,如图4.38所示。

■ 图4.37 主观评测工具

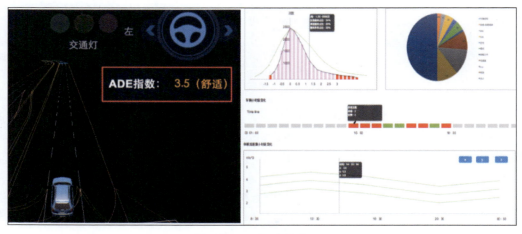

■ 图4.38 客观评测工具

在上述基础上进行迭代以优化评价体系,此过程中需要将目标明确、将需求量化以作为优化基础,此外通过线上加线下的共同测试对优化结果进行验证和反馈,进一步有助于迭代优化。

4.4 本章小结

本章主要通过引入可行驶区域生成、局部轨迹规划、驾驶舒适度评价体系三大部分,介绍了自动驾驶汽车局部运动规划现有的主要方法和原理,其中轨迹规划可分为直接构造法、路径-速度分解法,基于此介绍了当前最具代表性的几种轨迹规划算法(如启发式搜索算法、随机采样算法、DP算法及QP算法等关于路径、速度的规划及平滑方法),并由此延伸到当前亟待发展的驾驶舒适度评价体系,以百度"丝路计划"为例将这一指标引入到了汽车局部运动规划的优化过程当中。自动驾驶汽车在完成了全局路径规划、局部运动规划的工作之后,接下来控制模块便要实现让汽车按照规划得到的轨迹行驶的功能。

参考文献

[1] 吴思凡,杜煜,杨硕,等. 基于A~*及其扩展算法的运动规划算法研究[A]. 中国计算机用户协会网络应用分会. 中国计算机用户协会网络应用分会2018年第二十二届网络新技术与应用年会论文集[C]. 中国计算机用户协会网络应用分会: 北京联合大学北京市信息服务工程重点实验室,2018: 4.
[2] 陈爽,张悦,张勤俭,等. 一种基于B样条插值的机器人速度规划算法[J]. 应用基础与工程科学学报,2018,26(3): 661-671.
[3] 王富奎. 高动态环境下智能车局部路径规划研究[D]. 成都: 电子科技大学,2018.
[4] 李柏. 复杂约束下自动驾驶汽车运动规划的计算最优控制方法研究[D]. 杭州: 浙江大学,2018.
[5] 韩中海. 复合工况下智能汽车的局部路径规划[D]. 重庆: 重庆理工大学,2018.
[6] 孙雷,张丽爽,周璐,等. 一种基于Bezier曲线的移动机器人轨迹规划新方法[J]. 系统仿真学报,2018,30(03): 962-968.
[7] 孙浩. 考虑交通汽车运动不确定性的轨迹规划方法研究[D]. 长春: 吉林大学,2017.
[8] 耿新力. 城区不确定环境下无人驾驶汽车行为决策方法研究[D]. 合肥: 中国科学技术大学,2017.
[9] 周伟东. 基于改进PRM算法的多无人机协同航迹规划研究[D]. 桂林: 广西师范大学,2017.
[10] 余冬冬. 移动机器人避障与轨迹规划[D]. 杭州: 浙江大学,2017.
[11] 余卓平,李奕姗,熊璐. 无人车运动规划算法综述[J]. 同济大学学报(自然科学版),2017,45(8): 1150-1159.
[12] Dijkstra算法[EB/OL]. (2013-06-23)[2019-04-06]. http://www.worlduc.com/blog2012.aspx?bid=17245067.
[13] 运动规划最全简介[EB/OL]. (2016-12-05)[2019-04-06]. https://blog.csdn.net/jiakeyouwe/article/details/53462920.
[14] 庞俊康. 基于综合信息感知的智能汽车轨迹规划的研究[D]. 重庆: 重庆交通大学,2018.
[15] 陶淑一,吴庆标. 基于约束优化的B样条曲线形状修改[J]. 计算机工程与应用,2006(18): 37-39.
[16] 权威发布: 中国人工智能学会智能驾驶白皮书[EB/OL]. (2017-10-26)[2019-04-06]. http://www.sohu.com/a/200650347_99919085.
[17] 王健. 仓储用智能无人车的路径规划算法研究[D]. 南京: 南京理工大学,2018.
[18] 刘少山,唐洁,吴双,等. 第一本无人驾驶技术书[M]. 北京: 电子工业出版社,2017.

[19] 陈成,何玉庆,卜春光,等.基于四阶贝塞尔曲线的无人车可行轨迹规划[J].自动化学报,2015,41(3):486-496.
[20] 马丹妮.七自由度机器人轨迹规划问题研究[D].上海:上海师范大学,2015.
[21] 张建军,杜莉.最短路径算法的分析与优化[D].北京:北京工业职业技术学院,2009.
[22] 周阳花.几何曲线加密算法的研究[D].无锡:江南大学,2007.
[23] 张悦.工业机器人插补算法及标定技术研究[D].赣州:江西理工大学,2017.
[24] 启发式搜索 A* 算法[EB/OL].(2011-03-07)[2019-04-06].http://blog.sina.com.cn/s/blog_74eb759d0100px7f.html.
[25] 最短路经算法简介(Dijkstra算法,A*算法,D*算法)[EB/OL].(2011-01-21)[2019-04-06].https://blog.csdn.net/chinaliping/article/details/8525411.
[26] 高许淼,韩丽,杨皓,等.基于安卓平台的反向寻车系统研究[J].价值工程,2019,38(5):183-185.

第5章 自动驾驶汽车控制

5.1 汽车运动控制理论

5.1.1 经典控制理论

1. PID 控制基本内容

对于实际的工程问题,应用最多的控制方法是比例-积分-微分(Proportion Integration Differentiation,PID)控制,即 PID 控制。基于 PID 控制理论设计的 PID 控制器已有接近 60 年的历史,因其结构简单、工作可靠、稳定性好、参数调整便利而成为工业控制的主要工具。当不能精确掌握被控对象的数学模型和控制参数时,其他控制理论的使用受到很大局限,需要依靠经验和现场调试来确定控制器结构和控制参数,此时 PID 控制器是一个有效的解决方案。PID 控制包含以下三个过程。

1) 比例控制

比例控制是 PID 控制中最简单的控制方式,比例控制的输出与输入的误差值成比例关系,但仅有比例控制时,系统的输出一般存在稳态误差。

2) 积分控制

积分控制的输出与输入误差值的积分成正比关系。对于一个控制系统,如果系统在进入稳态后仍然存在一定的稳态误差,就称其为有差系统。为了消除这部分稳态误差,必须在控制器中引入"积分项"。对误差求关于时间的积分可知,随着时间的增加,积分项的值会随之增大。因此,即使误差很小,随着时间的增加积分项也会越来越大。积分控制使控制器的输出增大的同时,使稳态误差进一步减小,直到误差完全消除。

因此,比例控制和积分控制相结合,可以使系统快速进入稳态,并且无稳态误差,一般称为 PI 控制。

3) 微分控制

微分控制的输入与输出误差值的微分(即误差变化率)成正比关系。控制系统在消除误差的过程中可能会出现频繁振荡甚至失稳现象,其原因是因为系统中存在较大惯性或滞后的环节,使得消除误差的环节的变化总是滞后于误差的变化。解决该问题的方法是使消除误差的环节的变化"超前",也就是在误差接近零时,消除误差的环节已经是零。因此,在控制器中只使用比例控制往往是不够的,因为比例项的作用是放大误差的幅值,而这种情况下需要增加的是微分控制,因为它能够预测系统误差的变化趋势。

所以,具有比例控制和微分控制的控制器,能够提前使消除误差的控制环节为零,甚至变成负值,从而避免出现被控量严重超调的情况。对具有较大惯性和滞后特点的控制对象,比例控制和微分控制能改善系统在动态调节过程中的系统特性。

综上所述,PID控制就是根据系统的误差,通过比例、积分、微分三个过程计算出控制量,然后输入到被控对象。一般的PID控制器的结构如图5.1所示。

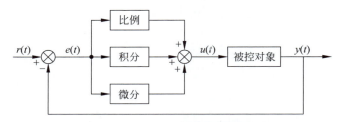

■图5.1 一般的PID控制器的结构

如图5.1所示,在时域中控制器输出量和输入量之间的关系可以表示为:

$$u(t) = K_p \left[e(t) + T_d \frac{de(t)}{dt} + \frac{1}{T_i} \int e(t) dt \right] \tag{5.1}$$

其中,$e(t)$为误差,即控制器的输入,$u(t)$为控制器的输出,K_p为比例系数,T_d为积分时间常数,T_i为微分时间常数。式(5.1)可经过拉普拉斯变换为:

$$U(s) = \left(K_p + K_d s + \frac{K_i}{s} \right) E(s) \tag{5.2}$$

其中,$U(s)$、$E(s)$分别为$u(t)$、$e(t)$的拉普拉斯变换,$K_d = K_p T_d$,$K_i \frac{K_p}{T_i}$分别为控制器的积分时间常数和微分时间常数。

2. PID参数的调整

在对PID参数进行调整时,最理想的方法是通过理论方法计算PID参数,但在实际的应用中,往往是通过试凑法来确定PID参数。例如,当增大比例系数时,一般会加快系统的响应速度,在系统存在稳态误差时,该方法有利于快速减小稳态误差。但是,比例系数过大,容易使系统出现较大的超调量,且产生振荡,导致系统稳定性变差;当增大积分时间时,有利于减小系统超调量,并减少振荡,增加系统的稳定性,但同时会使系统稳态误差的消除时间增加;当增大微分时间时,会加快系统响应速度,减小系统超调量,增加系统稳定性,但会使系统对扰动的抵抗能力减弱。

使用试凑法时,可参照以上三个参数对系统控制过程的影响趋势,来对参数进行调整,一般调整顺序为比例、积分、微分,详细过程如下。

(1)调整比例部分,如将比例参数增大,并观察控制系统响应,直至得到一组响应快、超调量小的曲线。如果此时系统不存在稳态误差或者稳态误差已被消除到允许的范围内,则只调节比例系数即可。

（2）如果在调节比例系数的时候，系统的稳态误差不满足要求，则必须引入积分环节。在调整时先将积分时间设定到某一较大值，再将调节好的比例系数适当缩小（一般缩小为原值的 0.8），然后通过减小积分时间，使系统在具有良好动态性能的同时，消除稳态误差。在此过程中，可以根据系统响应曲线，多次改变比例系数或积分时间系数，直至得到满意的控制效果为止。

（3）在调整过程中，如果对系统的控制过程进行多次调整仍然不能得到满意的控制效果，那么可以考虑引入微分环节。一般情况下，需要先把微分时间系数设置为 0，在上述操作的基础上，缓慢增加微分时间，并且相应地改变比例系数以及积分时间系数，反复试凑，直至得到预期的控制效果。

5.1.2 现代控制理论

1. 线性二次型最优控制

1）基本内容

线性二次型最优控制也称线性二次型调节器（Linear Quadratic Regulator，LQR），是应用线性二次型最优控制原理设计的控制器。它的作用是当系统状态因为某种原因导致偏离了平衡点时，在不消耗多余能量的情况下，使系统状态仍然保持在平衡点附近。线性二次型最优控制的控制对象是具有线性或可线性化特点的，并且性能指标是状态变量和控制变量的二次型函数的积分。典型的 LQR 调节器结构如图 5.2 所示。

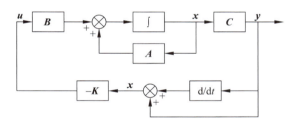

图 5.2 典型的 LQR 调节器结构

2）无限时间状态的 LQR 调节器的设计过程

设线性系统的状态空间描述为：

$$\begin{cases} \dot{\boldsymbol{x}}(t) = \boldsymbol{A}\boldsymbol{x}(t) + \boldsymbol{B}\boldsymbol{u}(t) \\ \boldsymbol{y} = \boldsymbol{C}\boldsymbol{x}(t) \end{cases} \quad (5.3)$$

最优控制的关键是如何求得一组反馈控制序列 $\boldsymbol{u}$，在时间段 $[t_0, \infty)$ 内，该控制序列作为控制系统的输入，可以将控制系统由非平衡状态调节到零点（平衡状态）附近，同时能够使性能指标函数的值最小。性能指标函数表示为 J，则

$$J = \frac{1}{2} \int_{-\infty}^{+\infty} (\boldsymbol{x}^\top \boldsymbol{Q} \boldsymbol{x} + \boldsymbol{u}^\top \boldsymbol{R} \boldsymbol{u}) \mathrm{d}t \quad (5.4)$$

式中，$\boldsymbol{u}$ 不受限制，$\boldsymbol{Q}$ 是半正定对称加权常数矩阵，$\boldsymbol{R}$ 是正定对称加权常数矩阵。

一般来说，$\boldsymbol{Q}$ 越大，系统达到稳态的时间越短，当然还要实际系统的允许，最优控制律为

$$\boldsymbol{u}^* = -\boldsymbol{R}^{-1} \boldsymbol{B}^\top \boldsymbol{P} \boldsymbol{x} \quad (5.5)$$

式中，P 为正定对称常数矩阵，并且满足下列 Riccati 方程：

$$PA + A^{\mathrm{T}}P - PBR^{-1}B^{\mathrm{T}} + Q = 0 \tag{5.6}$$

利用 Matlab 求解工具 lqr(A, B, Q, R) 函数，可以求出最优反馈系数矩阵 K，并通过改变 Q、R 矩阵，可以算出不同的 K 矩阵以及系统性能指标。

2. 模糊控制

1) 基本内容

模糊控制器(Fuzzy Controller, FC)也称为模糊逻辑控制器(Fuzzy Logic Controller, FLC)。模糊控制器使用的模糊控制规则，是由模糊集合论中的模糊条件语句来构成的。因此，模糊控制器属于语言型控制器，故常被称为模糊语言控制器(Fuzzy Language Controller, FLC)。

模糊控制系统的核心是模糊控制器。模糊控制系统性能的优劣取决于模糊控制器的结构、模糊规则、合成推理算法和模糊决策方法等因素。模糊控制器的一般结构如图 5.3 所示，包括系统输入、模糊化、数据库、规则库、模糊推理、清晰化以及系统输出七部分构成。

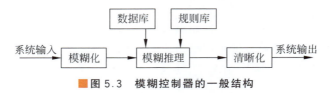

■ 图 5.3 模糊控制器的一般结构

2) 模糊控制器各主要环节的功能

模糊化环节的作用是将系统中的所有精确量(包括系统的外界参考输入、系统输出和系统状态等)转换为模糊量，使其变成符合模糊控制器要求的输入量，然后进行尺度变换，把其变换到各自的论域范围内，再进行模糊化处理，使原来精确的输入量变为模糊量，并用相应的模糊集合来表示。注意，有时需要将模糊化部分视为模糊控制器的外部部分。

数据库和规则库环节包含控制系统具体应用过程中的知识和控制要求，通常由专家数据库和模糊控制规则库组成。其中，专家数据库包括了变量的隶属函数、尺度变换因子和模糊空间的分级数等；模糊规则库包括用模糊变量表示的一系列控制规则，能够反映出控制专家的经验和知识。

模糊推理环节是模糊控制器的重要组成部分，能够模拟人基于模糊概念的推理过程，其推理过程是基于模糊逻辑中的蕴含关系和推理规则的。

清晰化环节的作用是将模糊推理过程所得的控制量(模糊量)转换为用于控制的清晰量，其包含两个过程：第一，将模糊控制量经清晰化处理，先变换为表示在其论域范围内的清晰量；第二，将第一步得到的清晰量经过尺度变换，转换成实际的控制量。

3. 自适应控制

1) 基本内容

自适应控制系统需要不断地测量系统本身的状态、性能、参数，并对系统当前数据和期望数据进行比较，再做出改变控制器结构、参数或控制方法等的最优决策。系统不断地测量输入和扰动，与参考输入对比，根据需要不断地调节自适应机构，既要保证系统输出满足要求，还要保证系统的稳定。

2）自适应控制系统的设计过程

设可控系统的受控对象数学模型为：

$$\begin{cases} \dot{x}_p = A_p x_p + B_p u_p \\ y_p = C x_p \end{cases} \tag{5.7}$$

其中，x_p 为状态向量，u_p 为控制向量，y_p 为输出向量，A_p、B_p、C 分别是有相同维数的系数矩阵。

选定参考模型时，通常都使其具有与被控对象相同的结构形式，而它的参数就可以根据系统设计要求来确定。参考模型可表示为：

$$\begin{cases} \dot{x}_m = A_m x_m + B_m r_m \\ y_m = C x_m \end{cases} \tag{5.8}$$

其中，x_m 为参考模型的状态向量，y_m 为参考模型的输出向量，r_m 为参考模型的输入向量，A_m、B_m 分别是有相同维数的表示期望性能的系数矩阵。

系统的广义输出误差方程为：

$$\boldsymbol{\varepsilon} = y_m - y_p \tag{5.9}$$

其中，y_m 为模型的输出量，y_p 为可调系统的输出量。

系统的广义状态误差方程为：

$$e = x_m - x_p \tag{5.10}$$

由式(5.8)、式(5.10)可得广义误差运动方程为：

$$\dot{e}(t) = A_m e + (A_m - A_p) x_p + B_m r_m - B_p u_p \tag{5.11}$$

按照自适应控制器的工作原理，可调系统和参考模型间的广义误差表示了自适应控制系统的运动状态。因此，自适应控制需要使等效误差的解 $\boldsymbol{\varepsilon}$ 和 e 尽可能小。

4. 模型预测控制

1）基本内容

模型预测控制(Model Predictive Control, MPC)是一种特殊的控制方法。在每一个采样周期，通过求解一个有限时域开环最优控制问题来获得其当前的控制序列。系统的当前状态视为最优控制问题的初始状态，求得的最优控制序列中，只执行第一个控制动作。这是其与使用优先求解控制律的控制方法的最大区别。模型预测控制原理如图5.4所示，k 轴为当前状态，左侧为过去状态，右侧为将来状态。也就是说，模型预测控制实际上是一种与时间相关的、利用系统当前状态和当前的控制量，来实现对系统未来状态的控制。而系统未来的状态是不定的，因此在控制过程中要不断地根据系统状态对未来的控制量做出调整。而且相较于经典的 PID 控制，它具有优化和预测的能力。也就是说，模型预测控制致力于将更长时间跨度甚至于无穷时间的最优化控制问题，分解为若干更短时间跨度或者有限时间跨度的最优化控制问题，并且在一定程度上仍然追求最优解。本质上模型预测控制是要求解一个开环最优控制问题，它的思想与具体的模型无关，但是实现的过程则与模型有关。

2）模型预测控制的三个组成部分

第一部分，预测模型。预测模型应该能够结合系统的现在的控制输入以及过程的历史信息，来预测控制系统未来的输出值，因此，需要一个描述系统动态行为的模型作为预测模

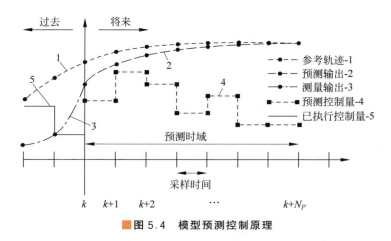

■ 图 5.4　模型预测控制原理

型。在预测控制中的各种不同算法中,常采用不同类型的预测模型,如最基本的模型算法控制(Model Algorithm Contro,MAC),采用的是系统的单位脉冲响应曲线。而动态矩阵控制(Dynamic Matrix Control,DMC)采用的是系统的阶跃响应曲线。这两个模型之间可以互相转换,且都属于非参数模型,在实际的控制过程中比较容易通过实验测得,不必进行复杂的数据处理。尽管精度不是很高,但数据冗余量大,使其抗干扰能力较强。预测模型应具有表现控制系统将来动态行为的功能,就像在系统仿真时一样,可以任意地给出系统未来的控制策略。通过观察控制系统在不同控制策略下输出的变化情况,来比较控制策略的优劣。

第二部分,反馈校正。利用预测模型进行预估系统的输出值,仅仅是一种理想情况。在实际过程中,可能会因为存在模型失配和干扰等不确定因素,使得基于模型的预测结果不能与实际情况相切合。因此,需要在预测过程中,增加对系统输出值的测量,并与模型预估值进行比较,从而得出模型的预测误差,然后利用预测误差对模型的预测值做修正。因为模型增加了反馈校正,所以预测控制具有较强的抗扰动能力和克服系统不确定性的能力。预测控制不仅是基于模型的,还增加了反馈控制,因此预测控制属于闭环优化控制。

第三,滚动优化。预测控制需要通过某一性能指标的最优求解来确定未来的控制动作。这一性能指标与控制系统未来的行为有关,由未来的控制策略决定。但是,预测控制的优化与一般的离散最优控制算法不同,其不是采用一个固定的全局最优目标,而是利用滚动式的有限时域内的优化策略。也就是说,优化过程不是单次离线完成的,而是多次在线进行的。在任意的采样时刻,优化性能指标只应用在自该时刻起到未来的有限时间区间,当进行到下一个采样时刻时,该优化区间会同时向前。因此,预测控制不是去优化一个全局的性能指标,而是在每一个时刻都有一个局部优化性能指标。

5. 神经网络控制

神经网络控制是指应用神经网络技术,对控制系统中难以精确建模的复杂非线性对象进行神经网络模型辨识,可以作为控制器、可以对参数进行优化设计、可以进行推理、可以进行故障诊断,或者同时兼有以上多种功能。通常神经网络直接用作误差闭环系统的反馈控制器,神经网络控制器首先利用其已有的控制样本进行离线训练,而后以系统误差的均方差为评价函数进行在线学习。神经网络控制器如图 5.5 所示。

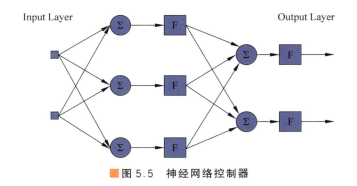

图 5.5 神经网络控制器

随着被控系统越来越复杂,人们对控制系统的要求也越来越高,特别是要求控制系统能适应不确定性、时变的对象与环境。传统的基于精确模型的控制方法难以适应要求,现在关于控制的概念也已更加广泛,它包括一些决策、规划以及学习功能。神经网络由于具有上述优点而越来越受到人们的重视。

神经网络控制就是利用神经网络这种工具从机理上对人脑进行简单结构模拟的新型控制和辨识方法。神经网络在控制系统中可充当对象的模型,还可充当控制器。常见的神经网络控制结构有:

(1) 参数估计自适应控制系统;
(2) 内模控制系统;
(3) 预测控制系统;
(4) 模型参考自适应系统;
(5) 变结构控制系统。

6. 滑模控制

滑模控制(Sliding Mode Control,SMC)也叫滑模变结构控制,其本质是一种特殊的非线性控制方法,但其非线性表现为控制序列的不连续性。这种控制方法与其他控制方法的区别在于系统结构不是固定不变的,而是能够在动态过程中,根据当前的系统状态(例如偏差以及偏差的各阶导数等)有目的地变化,使系统能够按照预定的滑动模态的轨迹运动。滑动模态需要提前设计且与控制对象参数和外界扰动无关,使得滑模控制具备响应迅速、参数变化平稳、外界扰动影响小、无须系统在线辨识、控制动作实现方式简单等优点。

滑模控制主要表现为控制的不连续性,也就是系统结构随时间变化的特性。该控制特性能够使系统在一定条件下沿着预设的状态轨迹做小幅度、高频率的运动,即滑动模态或者"滑模"运动。滑动模态是可以预设的,而且与系统的参数及外界扰动无关。因此,滑模控制的系统具有较好的鲁棒性。

如图 5.6 所示,从切换面穿过的点 A 为通常点,从切换面向两边散发在切换面上的运动点 B 是起始点,从两边向切换面逼近的且在切换面上的点 C 为终止点,在滑模观测器的研究中,针对的很多都是终止点,然而对于通常点和起始点基本没有用到。如果在切换面上的某一区域内,全部的点都是终止点,那么当运动点接近该区域时,就会被局限在该区域内。因此,一般称在切换面 $s=0$ 上的全部运动点都为终止点的那些区域为"滑模"区,也称为"滑动模态区"。系统在滑动模态区内所做的运动称为"滑模运动"。

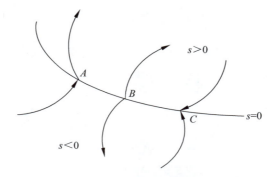

■ 图 5.6　切换面上三种点的特性

当运动点逼近切换面 $s(x)=0$ 时,有以下关系:
$$\lim_{s \to 0^+} s' \leqslant 0 \leqslant \lim_{s \to 0^-} s' \quad (5.12)$$

由此可以知道系统的一个条件李亚普诺夫函数:
$$v(x_1,\cdots,x_n)=[s(x_1,\cdots,x_n)]^2 \quad (5.13)$$

同时,系统也稳定于条件 $s=0$。

在滑模变结构控制中,设控制系统状态函数为
$$\dot{x}=f(x,u,t) \quad x \in \mathbf{R}^n, u \in \mathbf{R}^m, t \in \mathbf{R} \quad (5.14)$$

需要确定切换函数
$$s(x), \quad s \in \mathbf{R}^m \quad (5.15)$$

求解控制函数
$$u=\begin{cases} u^+(x) & s(x)>0 \\ u^-(x) & s(x)<0 \end{cases} \quad (5.16)$$

其中,$u^+(x) \neq u^-(x)$,满足滑模变结构控制的特点。

综上所述,滑模变结构控制有以下性质:

(1) 在切换面 $s(x)=0$ 以外的运动点均将于规定的时间内到达切换面;

(2) 达到滑模控制系统的动态品质要求;

(3) 确保了滑模控制运动的稳定性。

7. 鲁棒控制

鲁棒控制(Robust Control)方面的研究始于 20 世纪 50 年代。在过去的 20 年中,鲁棒控制一直是控制领域的研究热点。鲁棒性是指控制系统在一定的参数摄动下,维持某些特性的能力。根据对性能的不同定义,可分为稳定鲁棒性和性能鲁棒性。以闭环系统的鲁棒性作为目标设计得到的固定控制器称为鲁棒控制器。鲁棒性也称为系统的健壮性,它是系统在异常扰动情况下保持稳定的关键。例如,自动驾驶汽车的软件平台在输入错误、磁盘故障、网络过载或有意攻击情况下,能不死机、不崩溃,就是该平台的鲁棒性。

鲁棒控制适用于稳定性和可靠性作为首要目标的应用,系统的动态特性已知,而且不确定因素的变化情况可以预估。在控制过程中,某些控制系统可以使用鲁棒控制,尤其是对那些不确定因素变化范围大且稳定裕度小的系统。通常,系统的分析方法和控制器的设计大多是基于数学模型而建立的,而且各类方法已经趋于成熟和完善。然而,系统总是存在这样或那样的不确定性。在系统建模时，有时只考虑了工作点附近的情况，造成了数学模型的人为简化；另外，执行部件与控制元件存在制造容差，系统运行过程也存在老化、磨损以及环境和运行条件恶化等现象，使得大多数系统存在结构或者参数的不确定性。这样，用精确数学模型设计出来的控制器常常不满足工程要求。

近年来，人们展开了对不确定系统鲁棒控制问题的研究，并取得了一系列研究成果。其中，H_∞ 鲁棒控制理论和 μ 分析理论则是当前控制工程中最突出的研究成果，多年来一直是鲁棒控制研究领域的热门之一。

5.2 汽车模型

汽车动力学模型与运动学模型的建立是出于汽车运动的规划与控制考虑的。自动驾驶场景下，汽车大多按照规划轨迹行驶，控制模块的作用就是控制汽车尽可能精准地按照规划轨迹行驶。这就要求规划轨迹尽可能贴近实际情况。也就是说，轨迹规划过程中应尽可能考虑汽车运动学及动力学约束，使得运动控制的性能更好。搭建汽车模型主要是为了更好地规划和控制，因此，在分析模型时尽量以应用时所需的输入、输出对对象进行建模分析。

5.2.1 汽车动力学

对于自动驾驶汽车的运动控制来说，需要研究用于汽车侧向运动分析的动力学模型。考虑二自由度汽车的"自行车"模型，如图 5.7 所示。两个自由度分别用汽车侧向位置 y 和汽车方向角 ψ 表示。汽车的侧向位置可沿汽车横向轴 y 到汽车旋转中心点 O 测量得到。汽车方向角 ψ 由汽车纵向轴 x 与系统 X 轴的夹角测得。汽车在质心处的纵向速度用 V_x 表示。

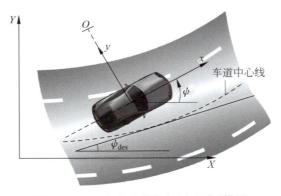

图 5.7　二自由度的汽车"自行车"模型

忽略路面坡度，沿 y 轴应用牛顿第二定律可得

$$ma_y = F_{y_f} + F_{y_r} \tag{5.17}$$

式中，$a_y = \left(\dfrac{\mathrm{d}^2 y}{\mathrm{d}t^2}\right)_{\text{inertial}}$ 为在 y 轴方向汽车质心处的惯性加速度；F_{y_f} 和 F_{y_r} 分别表示前、后

轮的轮胎侧向力。

两个因素影响 a_y：沿 y 轴的运动加速度 $\ddot{y}$ 和向心加速度 $V_x\dot{\psi}$。因此

$$a_y = \ddot{y} + V_x\dot{\psi} \tag{5.18}$$

将式(5.18)代入式(5.17)，可得汽车侧向平移运动的方程为

$$m(\ddot{y} + V_x\dot{\psi}) = F_{y_f} + F_{y_r} \tag{5.19}$$

绕 z 轴的转矩平衡可得到横摆动力学方程

$$I_z\ddot{\psi} = l_f F_{y_f} + l_r F_{y_r} \tag{5.20}$$

式中，l_f 和 l_r 分别为汽车质心到前轴和后轴的距离。

接下来需要建立作用于汽车上的轮胎(Tire)模型，用来表示侧向力 F_{y_f} 和 F_{y_r}。当侧偏角较小时，假设轮胎的侧向力与侧偏角成正比。轮胎的侧偏角定义为轮胎平面方向和轮胎速度方向之间的角度，如图 5.8 所示。其中，前轮侧偏角为

$$\alpha_f = \delta - \theta_{V_f} \tag{5.21}$$

式中，θ_{V_f} 为汽车速度矢量和汽车纵轴(Longitudinal Axis of Vehicle)之间的夹角；δ 为前轮转向角。

后轮侧偏角可近似表示为

$$\alpha_r = -\theta_{V_r} \tag{5.22}$$

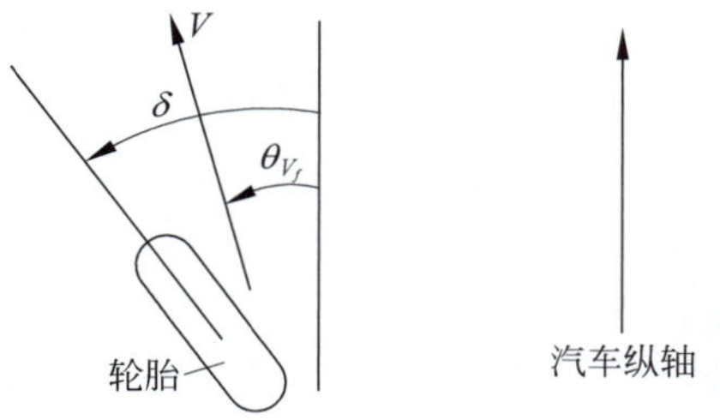

汽车的前轮侧向力可表示为

$$F_{y_f} = 2C_{\alpha_f}(\delta - \theta_{V_f}) \tag{5.23}$$

式中，C_{α_f} 为比例系数，称为前轮的侧偏刚度；δ 为前轮转向角；θ_{V_f} 为前轮速度角；系数 2 表示实际情况中有两个前轮。

同样地，后轮的侧向力可表示为

$$F_{y_r} = 2C_{\alpha_r}(-\theta_{V_r}) \tag{5.24}$$

式中，C_{α_r} 为后轮的侧偏刚度；θ_{V_r} 为后轮速度角。

利用下面的关系式可计算 θ_{V_f} 和 θ_{V_r}

$$\tan(\theta_{V_f}) = \frac{V_y + l_f\dot{\psi}}{V_x} \tag{5.25}$$

$$\tan(\theta_{V_r}) = \frac{V_y - l_r\dot{\psi}}{V_x} \tag{5.26}$$

采用小角度的近似写法 $V_y = \dot{y}$，有

$$\theta_{V_f} = \frac{\dot{y} + l_f\dot{\psi}}{V_x} \tag{5.27}$$

$$\theta_{V_r} = \frac{\dot{y} - l_r\dot{\psi}}{V_x} \tag{5.28}$$

■图 5.8 轮胎侧偏角

将式(5.21)、式(5.22)、式(5.27)、式(5.28)代入式(5.19)和式(5.20)可得状态方程模型

$$\frac{\mathrm{d}}{\mathrm{d}t}\begin{Bmatrix} y \\ \dot{y} \\ \psi \\ \dot{\psi} \end{Bmatrix} = \begin{bmatrix} 0 & 1 & 0 & 0 \\ 0 & \dfrac{2C_{a_f}+2C_{a_r}}{mV_x} & 0 & -V_x - \dfrac{2C_{a_f}-2C_{a_r}l_r}{mV_x} \\ 0 & 0 & 0 & 1 \\ 0 & -\dfrac{2l_f C_{a_f}-2l_r C_{a_r}}{I_z V_x} & 0 & -\dfrac{2C_{a_f}+2l_r^2 C_{a_r}}{I_z V_x} \end{bmatrix} + \begin{Bmatrix} 0 \\ \dfrac{2C_{a_f}}{m} \\ 0 \\ \dfrac{2l_f C_{a_f}}{I_z} \end{Bmatrix} \quad (5.29)$$

考虑汽车在半径为常数 R 的车道上以恒定 V_x 行驶，此外，假设半径 R 足够大，满足式(5.27)的小角度假设，定义车身转过期望角度所需转角速度为

$$\dot{\psi}_{\mathrm{des}} = \frac{V_x}{R} \quad (5.30)$$

所需横向加速度为

$$a_{y_{\mathrm{des}}} = \frac{V_x^2}{R} = V_x \dot{\psi}_{\mathrm{des}} \quad (5.31)$$

则横向加速度误差为

$$\ddot{e}_1 = (\ddot{y} + V_x \dot{\psi}) - \frac{V_x^2}{R} = \ddot{y} + V_x(\dot{\psi} - \dot{\psi}_{\mathrm{des}}) \quad (5.32)$$

横向误差为

$$e_2 = \psi - \psi_{\mathrm{des}} \quad (5.33)$$

横向速度误差为

$$\dot{e}_1 = \ddot{y} + V_x(\dot{\psi} - \dot{\psi}_{\mathrm{des}}) \quad (5.34)$$

将式(5.33)和式(5.34)代入式(5.19)和式(5.20)，可得

$$m\ddot{e}_1 = \dot{e}_1\left[-\frac{2}{V_x}C_{a_f} - \frac{2}{V_x}C_{a_r}\right] + e_2\left[2C_{a_f}+2C_{a_r}\right] + \dot{e}_2\left[-\frac{2C_{a_f}l_f}{V_x} + \frac{2C_{a_r}l_r}{V_x}\right] + \\ \dot{\psi}_{\mathrm{des}}\left[-\frac{2C_{a_f}l_f}{V_x} + \frac{2C_{a_r}l_r}{V_x}\right] + 2C_{a_f}\delta \quad (5.35)$$

$$I_z \ddot{e}_2 = 2C_{a_f}l_f \delta + \dot{e}_1\left[-\frac{2C_{a_f}l_f}{V_x} + \frac{2C_{a_r}l_r}{V_x}\right] + e_2\left[2C_{a_f}l_f - 2C_{a_f}l_r\right] + \\ \dot{e}_2\left[-\frac{2C_{a_f}l_f^2}{V_x} + \frac{2C_{a_r}l_r^2}{V_x}\right] - I_z\ddot{\psi}_{\mathrm{des}} + \ddot{\psi}_{\mathrm{des}}\left[-\frac{2C_{a_f}l_f^2}{V_x} - \frac{2C_{a_r}l_r^2}{V_x}\right] \quad (5.36)$$

由此可得在跟踪误差变量的状态方程模型为

$$\frac{\mathrm{d}}{\mathrm{d}t}\begin{bmatrix} e_1 \\ \dot{e}_1 \\ e_2 \\ \dot{e}_2 \end{bmatrix} = \begin{bmatrix} 0 & 1 & 0 & 0 \\ 0 & \dfrac{2C_{a_f}+2C_{a_r}}{mV_x} & 0 & -V_x - \dfrac{2C_{a_f}-2C_{a_r}l_r}{mV_x} \\ 0 & 0 & 0 & 1 \\ 0 & -\dfrac{2l_f C_{a_f}-2l_r C_{a_r}}{I_z V_x} & 0 & -\dfrac{2C_{a_f}+2l_r^2 C_{a_r}}{I_z V_x} \end{bmatrix} \begin{bmatrix} e_1 \\ \dot{e}_1 \\ e_2 \\ \dot{e}_2 \end{bmatrix} + \\ \begin{bmatrix} 0 \\ \dfrac{2C_{a_f}}{m} \\ 0 \\ \dfrac{2l_f C_{a_f}}{I_z} \end{bmatrix}\delta + \begin{bmatrix} 0 \\ -\dfrac{2C_{a_f}l_f - 2C_{a_r}l_r}{mV_x} - V_x \\ 0 \\ \dfrac{2C_{a_f}l_f^2 + 2C_{a_r}l_r^{22}}{I_z V_x} \end{bmatrix}\dot{\psi}_{\mathrm{des}} \quad (5.37)$$

由此转向控制问题的跟踪目标可转化为动力学稳定性问题。注意，当车速 V_x 不再为常数时，上述侧向动力学模型为纵向车速 V_x 的函数。

5.2.2 汽车运动学

汽车运动模型是指用数学方式描述汽车运动而不考虑影响汽车运动的力。运动方程是基于控制对象的几何关系而建立的。建立汽车的运动学模型需要以下假设作为前提：

（1）不考虑汽车在 Z 轴方向的运动，只考虑 XY 水平面的运动；
（2）左右侧车轮转角一致，这样可将左右侧轮胎合并为一个轮胎；
（3）汽车行驶速度变化缓慢，忽略前后轴载荷的转移；
（4）车身及悬架系统是刚性的。

汽车可以简化为两轮模型，如图 5.9 所示。在该模型中，汽车前轮由位于 A 点的一个车轮代替。同理，后轮由位于 B 点的一个后轮代替。前、后轮转角分别用 δ_f 和 δ_r 表示。此模型建立的前提是前、后轮均能够转向。如果只有前轮可以转向时，则将后轮转向角 δ_r 设置为 0。汽车质心位于点 C。从质心 C 到点 A 和点 B 的距离分别用 l_f 和 l_r 表示，汽车的轴距表示为 $L = l_f + l_r$。

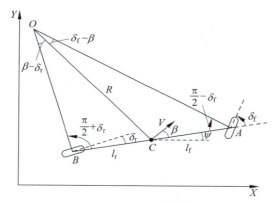

图 5.9 汽车运动学模型

假设汽车进行平面运动，此时需要用三个变量描述汽车的运动：X、Y 和 ψ。点 (X, Y) 为汽车质心点的坐标，ψ 用来描述汽车的行驶方向。汽车质心点的速度用 V 表示，汽车速度方向与汽车纵轴的夹角用 β 表示，β 称为汽车的侧偏角。

在运动学模型中，点 A 处和点 B 处的速度方向分别为前轮和后轮的方向，同时，前轮速度方向与汽车纵轴形成的夹角用 δ_f 表示，同样地，后轮速度方向的夹角与汽车纵轴间形成的夹角用 δ_r 表示，并忽略前后轮的侧偏角。忽略侧偏角的假设对低速行驶的汽车是合理的（如当速度小于 5m/s 时），因为在低速时，轮胎产生很小的侧向力。为了能够在任意半径 R 的环形道路上行驶，两轮的侧向力之和为 mV/R。它随车速 V 变化，在低速情况侧向力小，此时，将车轮的速度方向视为车轮的方向的假设是成立的。

另外，汽车的瞬时旋转中心用点 O 表示，旋转中心 O 由垂直两滚动轮方向的直线 AO、BO 的交点确定。

汽车行驶轨迹的半径 R，等于连接质心 C 和旋转中心 O 的线段 CO 的长度。质心处的车速方向垂直于线段 OC。质心处速度方向与汽车纵轴形成的夹角为汽车的侧偏角 β。汽车的横摆角用 ψ 表示,因此,汽车方向角为 $\gamma=\psi+\beta$。

在 $\triangle OCA$ 上用正弦定理,有

$$\frac{\sin(\delta_f-\beta)}{l_f}=\frac{\sin\left(\frac{\pi}{2}-\delta_f\right)}{R} \tag{5.38}$$

在 $\triangle OCB$ 上用正弦定理,有

$$\frac{\sin(\beta-\delta_r)}{l_r}=\frac{\sin\left(\frac{\pi}{2}-\delta_r\right)}{R} \tag{5.39}$$

由式(5.38)得

$$\frac{-\sin(\beta)\cos(\delta_f)}{l_f}=\frac{\cos(\delta_f)}{R} \tag{5.40}$$

由式(5.39)得

$$\frac{\cos(\delta_r)\sin(\beta)-\cos(\beta)\sin(\delta_r)}{l_f}=\frac{\cos(\delta_r)}{R} \tag{5.41}$$

在式(5.40)两侧同时乘以 $\dfrac{l_f}{\cos(\delta_f)}$ 可得

$$\tan(\delta_f)\cos(\beta)-\sin(\beta)=\frac{l_f}{R} \tag{5.42}$$

在式(5.41)两侧同时乘以 $\dfrac{l_r}{\cos(\delta_r)}$ 可得

$$\sin(\beta)-\tan(\delta_r)\cos(\beta)=\frac{l_r}{R} \tag{5.43}$$

将式(5.42)和式(5.43)相加得

$$\{\tan(\delta_f)-\tan(\delta_r)\}\cos(\beta)=\frac{l_f+l_r}{R} \tag{5.44}$$

如果汽车轨迹半径缓慢变化,那么汽车行驶方向的变化率(即 $\dot{\psi}$)将等于汽车的角速度。由于汽车的角速度为 V/R,因此有

$$\dot{\psi}=\frac{V}{R} \tag{5.45}$$

将式(5.44)和式(5.45)整理为

$$\dot{\psi}=\frac{V\cos(\beta)}{l_f+l_r}(\tan(\delta_f)-\tan(\delta_r)) \tag{5.46}$$

因此,运动的总方程为

$$\dot{X}=V\cos(\psi+\beta) \tag{5.47}$$

$$\dot{Y}=V\sin(\psi+\beta) \tag{5.48}$$

$$\dot{\psi}=\frac{V\cos(\beta)}{l_f+l_r}(\tan(\delta_f)-\tan(\delta_r)) \tag{5.49}$$

在这一模型中有三个输入量，为 δ_f、δ_r 和 V。速度 V 为外部变量，可以假设它为时间的函数或是从纵向汽车模型中获得。

侧偏角 β 可由式(5.42)推导得到

$$\beta = \arctan\left(\frac{l_f \tan\delta_r + l_r \tan\delta_f}{l_f - l_r}\right) \tag{5.50}$$

这里在两轮模型需注意，左、右前轮由一个前轮代替，通常假设左、右轮转向角近似相等，但严格说来并非如此。这是因为每个车轮行驶路径的半径不同。图 5.10 所示为一个前轮转向汽车的运动情况。

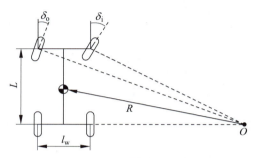

图 5.10　一个前轮转向汽车的运动情况

用 l_w 表示汽车的轨迹宽度，δ_o 和 δ_i 分别表示外侧和内侧的转向角，设轴距 $L = l_f + l_r$ 小于半径 R。若侧偏角 β 很小，那么式(5.45)可近似为

$$\frac{\psi}{V} \approx \frac{1}{R} = \frac{\delta}{L}$$

或者

$$\delta = \frac{L}{R} \tag{5.51}$$

由于内侧和外侧车轮的行驶半径不同，因此有

$$\delta_o = \frac{L}{R + \frac{l_w}{2}} \tag{5.52}$$

$$\delta_i = \frac{L}{R - \frac{l_w}{2}} \tag{5.53}$$

前轮的平均转向角为

$$\delta = \frac{\delta_o + \delta_i}{2} \approx \frac{L}{R} \tag{5.54}$$

δ_o 和 δ_i 之间的差值为

$$\delta_i - \delta_o = \frac{L}{R^2} l_w = \delta \frac{2 l_w}{L} \tag{5.55}$$

因此，两前轮转向角的差值与平均转向角的二次方成正比。可从转向梯形拉杆(Trapezoidal Geometry)的布置获得这类差分转向。

5.3 汽车运动控制

5.3.1 概述

运动控制是自动驾驶汽车研究领域中的核心问题之一,指根据当前周围环境和车体位置、姿态、车速等信息按照一定的逻辑做出决策,并分别向油门、制动及转向等执行系统发出控制指令。运动控制作为自动驾驶汽车实现自主行驶的关键环节,其研究内容主要包括横向控制、纵向控制以及横纵向协同控制。横向控制主要研究自动驾驶汽车的路径跟踪能力,即如何控制汽车沿规划的路径行驶,并保证汽车的行驶安全性、平稳性与乘坐舒适性;纵向控制主要研究自动驾驶汽车的速度跟踪能力,控制汽车按照预定的速度巡航或与前方动态目标保持一定的距离;但独立的横向或纵向控制不能满足自动驾驶汽车的实际需求,因此,复杂场景下的横纵向协同控制研究,对于自动驾驶汽车来说至关重要。

一般地,横向控制系统的实现主要依靠预瞄跟随控制、前馈控制和反馈控制。

5.3.2 预瞄跟随控制

预瞄跟随控制原理是根据驾驶员操纵特征(驾驶员模型)提出的。驾驶员模型是导航技术的重要组成部分,基于偏差调节的期望路径跟随控制系统可视为一个简易的驾驶员模型。驾驶员基于外界环境、道路信息以及当前汽车的运动状态进行汽车操纵,预测汽车当前实际位置与道路中心线之间的侧向位移偏差和航向偏差的大小,从而转动方向盘使预测偏差为零,该预测偏差叫作预瞄侧向位移偏差或预瞄航向偏差。驾驶员依据预瞄偏差的大小转动对应的方向盘角度,从而完成对期望行驶路径的跟踪。综上,控制系统依汽车行驶参数、道路曲率、预瞄偏差和汽车的动力学模型得出所需方向盘转角或前轮转角,从而实现对期望目标路径的跟踪。预瞄跟随控制器由"预瞄环节"与"跟随环节"构成,其结构如图 5.11 所示。

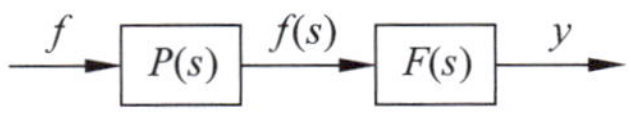

图 5.11 预瞄跟随控制结构示意图

系统传递函数为

$$y/f(s) = P(s) \cdot F(s) \tag{5.56}$$

式中,$P(s)$ 为预瞄环节传递函数;$F(s)$ 为跟随环节传递函数。

在低频域条件下,理想状态下的预瞄跟随控制系统应该满足:

$$P(s) \cdot F(s) \approx 1 \tag{5.57}$$

5.3.3 前馈控制

前馈控制系统是根据扰动或给定值的变化按补偿原理来工作的控制系统。其特点是当扰动产生后,被控变量还未变化以前,根据扰动作用的大小进行控制,以补偿扰动作用对被控变量的影响。前馈控制是在苏联学者所倡导的不变性原理的基础上发展而成的,在工程上,前馈控制系统逐渐得到了广泛的应用。

自动驾驶汽车的一般状态方程为

$$\dot{x} = Ax + Bu \tag{5.58}$$

其中,u 为前轮转角 δ,考虑到道路曲率 $\dot{\varphi}_{des}$ 的存在,式(5.58)应改写为

$$\dot{x} = Ax + B\delta + B\dot{\varphi}_{des} \tag{5.59}$$

当汽车在曲线道路上行驶时,需要引入和道路曲率相关的前馈控制控制器以帮助消除跟踪误差。

5.3.4 反馈控制

反馈控制是指将系统的输出信息返送到输入端,与输入信息进行比较,并利用二者的偏差进行控制的过程。反馈控制其实是用过去的情况来指导现在和将来。在控制系统中,如果返回的信息的作用是抵消输入信息,称为负反馈,负反馈可以使系统趋于稳定;若其作用是增强输入信息,则称为正反馈,正反馈可以使信号得到加强。

对于自动驾驶汽车运动控制来说,常使用负反馈控制器来消除系统存在的误差,汽车的状态方程仍为式(5.58)表示。为了满足控制系统的控制要求,并使控制系统构成全状态反馈控制系统,需要设计反馈控制律:

$$u = -Kx \tag{5.60}$$

5.3.5 横向控制

自动驾驶汽车作为一个高度非线性的非完整运动约束系统,其模型和所处外界环境存在不确定性及测量不精确性,导致对汽车进行运动控制具有一定的难度。横向控制主要控制航向,通过改变方向盘扭矩或角度的大小等,使汽车按照想要的航向行驶。依据人类驾驶的经验,驾驶员在驾驶途中会习惯性地提前观察前方道路,并预估前方道路情况,提前获得预瞄点与汽车所处位置的距离。如果汽车前方道路右转弯,驾驶员会依据道路曲率和行驶车速将方向盘向右转一定角度,为使汽车平顺转弯,驾驶员需要不断观察汽车实际运行位置与道路中心线间的横向位移偏差和航向角偏差,并调整方向盘转角来减小这些偏差,便于准确、快速地跟踪期望路径。但该过程容易受到周围环境的影响,且随车速的变化而变得更加复杂,郭孔辉院士提出的预瞄跟随原理形象地描述了上述驾驶员操纵行为。后来在此基础上产生了驾驶员"稳态预测动态校正假说""预瞄最优曲率模型""最优预瞄加速度模型"。而在自动驾驶汽车的研究中,预瞄跟随理论同样适用。

建立自动驾驶汽车横向控制系统,首先需要搭建道路-汽车动力学控制模型,根据最优预瞄驾驶员原理与模型设计侧向加速度最优跟踪 PD 控制器,从而得到汽车横向控制系统。其次,以汽车纵向速度及道路曲率为控制器输入,预瞄距离为控制器输出,构建预瞄距离自动选择的最优控制器,从而实现汽车横向运动的自适应预瞄最优控制,如图 5.12 所示。

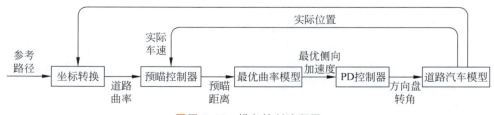

图 5.12 横向控制流程图

5.3.6 纵向控制

纵向控制主要为速度控制,通过控制刹车、油门等实现对车速的控制。对于自动挡汽车来说,控制对象其实就是刹车和油门。纵向控制作为智能驾驶汽车运动控制的重要组成部分,也是智能驾驶研究领域的核心难题之一。自动驾驶汽车纵向控制的控制原理是基于油门踏板与制动踏板的控制与协调切换,从而控制汽车加速、减速,实现对自动驾驶汽车纵向期望速度跟踪与控制。

自动驾驶汽车纵向控制系统分为两种模式:直接式和分层式。直接设计控制器对控制参数进行调控的称作直接控制法;分成两个或多个控制器的称为分层结构控制法。直接式针对单个控制对象,不考虑控制对象与其他汽车的相对位置;分层式考虑汽车在行驶队列的转向、加速与制动等行为,以其他汽车作为参考进行控制。本节运用直接式对纵向控制系统进行设计。

1) 纵向控制的两种模式

直接式运动控制是通过纵向控制器直接控制期望制动压力和油门开度,从而实现对跟随速度和跟随减速度直接控制,具有快速响应等特点。具体结构如图 5.13 所示。

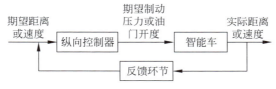

图 5.13 直接式运动控制结构

由于自动驾驶汽车纵向动力学模型为复杂多变量非线性系统,且存在较大的参数不确定性及测量不精确性,因此通过单个控制器实现多性能控制较为困难。为了降低纵向控制系统的设计难度,许多研究者基于分层控制结构,根据控制目标的不同,将自动驾驶汽车纵向控制系统分为上位控制器和下位控制器进行单独设计。分层式运动控制结构如图 5.14 所示,上位控制器控制策略设计的目的是产生期望车速或者期望加速度;下位控制器接受上位控制器产生的期望状态值,并按照其控制算法产生期望的制动压力值与期望油门开度值,从而实现汽车纵向车间距离或速度跟踪控制的功能。

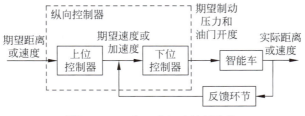

图 5.14 分层式运动控制结构

2) 直接式运动控制实现过程

结合直接式运动控制流程,为了实现汽车纵向控制,通常需要考虑"位移-速度闭环 PID 控制器"和"速度-加速度闭环 PID 控制器",并且需要对油门控制器、制动控制器以及两者的切换策略进行设计。然后,通过 PI 控制器参数调节来优化控制器的性能,同时优化油门、制动切换控制逻辑,协调油门与制动动作来实现对期望目标车速的跟踪。纵向控制结构如图 5.15 所示。

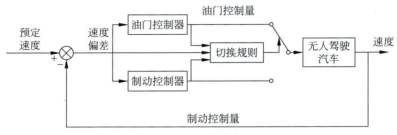

■ 图 5.15　纵向控制结构

在实际调参过程中先调节 P 参数,再调节 D 参数,可能会更快达到想要的效果。

汽车在行驶过程中,同时踩下油门踏板与制动踏板会损坏汽车动力系统和传动系统。因此切换逻辑要保证以下两点。

(1) 在油门踏板踩下的时候需要释放制动踏板,在制动踏板踩下的时候需要释放油门踏板,避免油门踏板和制动踏板同时工作;

(2) 避免油门、制动踏板频繁切换。

由此设计油门踏板与制动踏板协调切换控制逻辑,根据期望车速与当前实际车速的误差来协调控制加速、制动的切换。

5.3.7　横纵向协同控制

独立的横向控制系统或者纵向控制系统并不能体现汽车实际运行时的特性,且不能满足各种道路工况需求。为实现横纵向控制器在实际情况下的控制效果,需要将横向控制与纵向控制协同起来并优化控制参数,构建自动驾驶汽车综合控制系统。该综合控制系统用于实现自动驾驶汽车的横纵向耦合运动控制。横纵向协同控制架构包括决策层、控制层与模型层,如图 5.16 所示。各层的作用如下。

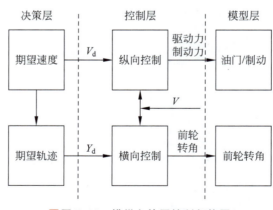

■ 图 5.16　横纵向协同控制架构图

(1) 决策层：根据视觉感知系统感知的汽车外界道路环境信息与汽车行驶状态信息，对汽车的行驶路径进行规划，形成期望运动轨迹，并根据期望运动轨迹选择期望速度。

(2) 控制层：基于决策层得到的期望路径与期望车速输入，经过控制系统的分析与运算得到理论的前轮转角输出、油门控制输出以及制动器控制输出信号，作用于自动驾驶汽车，保证自动驾驶汽车跟踪期望速度沿着期望轨迹行驶。

(3) 模型层：对于横纵向运动综合控制系统，运用数学知识建立整车横纵向数学模型。

由协同控制架构可以看到，自动驾驶汽车的纵向速度既是横向控制器的状态量输入又是纵向控制器的状态量输入，横向控制系统的前轮转角与车速有关，纵向控制系统的模糊控制器速度偏差输入与加速度偏差输入与车速有关，汽车的纵向车速成为连接横向控制系统与纵向控制系统的关键点。

5.4 本章小结

本章按照理论依据、控制对象、控制方法的顺序描述了自动驾驶汽车控制。首先介绍了汽车控制领域常用的控制理论，包括经典控制理论和现代控制理论，并且将每种控制理论的基本概念、数学推导和具体应用进行了详细的描述，给出了自动驾驶汽车控制的理论依据。进而推导出了自动驾驶汽车的动力学模型和运动学模型，得到了控制对象的数学模型。最后结合对自动驾驶汽车的要求及其特点，给出了运动控制的具体控制方法。

参考文献

[1] M·米奇克. 汽车动力学[M]. 陈萌三,译. 北京：人民交通出版社,2009.
[2] 雷敏. 智能车横、纵向运动综合控制方法研究[D]. 贵阳：贵州大学,2016.
[3] 李贻斌,阮久宏,李彩虹,等. 智能汽车的纵向运动控制[J]. 机械工程学报,2006,42(11)：94-102.
[4] 郭景华,李克强,罗禹贡. 智能汽车运动控制研究综述[J]. 汽车安全与节能学报,2016,7(2)：151-159.
[5] 林澄奇. 智能机械汽车研究综述[J]. 装备制造技术,2018,279(3)：87-88,94.
[6] 陈慧岩,陈舒平,龚建伟. 智能汽车横向控制方法研究综述[J]. 兵工学报,2017,38(6)：1203-1214.
[7] 冀杰,李以农,郑玲,等. 汽车自动驾驶系统纵向和横向运动综合控制[J]. 中国公路学报,2010,23(5)：123-130.
[8] 罗峰,曾侠. 基于多点预瞄的自动驾驶汽车轨迹跟踪算法[J]. 机电一体化,2018,24(6)：18-23,41.
[9] 赵盼. 城市环境下无人驾驶汽车运动控制方法的研究[D]. 合肥：中国科学技术大学,2012.
[10] 郭景华,李琳辉,胡平,等. 基于模糊逻辑的无人驾驶车纵向多滑模控制[J]. 中国公路学报,2013,26(1)：170-176.
[11] 孙银健. 基于模型预测控制的无人驾驶汽车轨迹跟踪控制算法研究[D]. 北京：北京理工大学,2015.
[12] 王家恩,陈无畏,王檀彬,等. 基于期望横摆角速度的视觉导航智能汽车横向控制[J]. 机械工程学报,2012,48(4)：108-115.
[13] 李铁强. 灾害条件下高速公路行车安全评估理论与方法研究[D]. 西安：长安大学,2012.
[14] 郭景华,李克强,罗禹贡. 智能汽车运动控制研究综述[J]. 汽车安全与节能学报,2016,7(2)：151-159.

［15］ 罗玉峰,钟陈志鹏,陈齐平,等. 智能驾驶汽车纵向运动控制研究综述[J]. 汽车实用技术,2018, 277(22)：36-40.

［16］ 王聪. 基于预瞄的汽车路径跟踪控制研究[D]. 哈尔滨：哈尔滨工业大学,2014.

［17］ 姜岩,龚建伟,熊光明,等. 基于运动微分约束的无人汽车纵横向协同规划算法的研究[J]. 自动化学报,2013,39(12)：2012—2020.

［18］ 吕峰. 无人驾驶智能车控制系统的设计研究[D]. 西安：西北工业大学,2014.

第6章 基于Apollo平台的决策与控制实践

百度Apollo仿真平台除了要保证良好的真实性之外,还要能够发现无人车算法中的问题。因为在全部算法迭代闭环中,只有模拟仿真技术尚不能达到商业标准,还需要不断发现存在的问题,这样才能重新修正问题,回到开发环节。因此,从开发到仿真再回到开发,仿真平台同开发过程形成闭环。只有闭环的流程才能构成持续迭代和持续优化状态,所以Apollo仿真平台在整个无人车算法迭代中至关重要。本章将着重介绍Apollo仿真平台的安装以及对百度无人车案例进行分析。

6.1 Apollo平台安装简介

Apollo平台的官方网站地址为http://apollo.auto。Apollo作为开源平台,百度从发布1.0版本开始就将Apollo全部代码放在了开源软件项目托管平台GitHub上,地址为https://github.com/ApolloAuto/apollo。目前最新的Apollo平台为3.5版本,用户也可以根据自身需求选择其他版本进行安装,接下来以Apollo3.0版本为例,介绍平台安装与配置步骤。

在Apollo安装与配置之前,首先确认计算机满足以下5个条件:

(1)计算机中已安装Ubuntu 14.04/16.04操作系统;

(2)查看CPU是否支持FMA和AVX,若不支持则仿真环境Dreamview无法启动;

(3)浏览器必须支持WebGL,否则仿真界面无法显示动画;

(4)计算机中有CAN卡的驱动程序,因驱动程序不是开源程序,所以需要购买硬件才能提供驱动程序(如果不进行实车开发,无须安装CAN卡);

(5)计算机中的硬盘至少为50GB,内存至少为4GB。

具备以上条件之后,就可以按照下面的步骤开始Apollo平台的安装。

6.1.1 安装 Git LFS

LFS 是 Large File Storage 的英文缩写,用于帮助 Git 管理大的文件。对于 Git 来说,如果模型或者一些设计的大文件稍稍改变,对于仓库来说会增加很大的体积,存储空间可能会增加数十亿字节。对于 Git LFS 来说,在使用 git lfs track 命令后,当 Git 拉取时,Git LFS 会截取要管理的大文件,并将其传至 Git LFS 的服务器中,从而减小仓库的体积。

```
# Required for Ubuntu 14.04 / 16.04.
curl -s https://packagecloud.io/install/repositories/github/git-lfs/script.deb.sh|sudo bash

# Ubuntu 14.04 / 16.04 / 18.04.
sudo apt-get install -y git-lfs
```

6.1.2 下载 Apollo 源代码

Apollo 源代码主要是由 C++语言实现的,同时也包含少量 Python 语言。主要程序在所述模块中,这些模块具体包括感知模块、预测模块、控制模块、规划模块、交互模块、工具以及其他模块。自动驾驶系统首先通过起点和终点规划出整体路径,然后在行驶过程中感知当前环境(识别汽车行人路况标志等),并预测下一步发展;其次把已知信息都传入规划模块,规划出之后将要行驶的轨道;最后控制模块将轨道数据转换成对汽车的控制信号,通过汽车交互模块控制汽车。可通过以下步骤下载 Apollo 源代码。

(1) 克隆 Apollo 仓库。

```
git clone https://github.com:ApolloAuto/apollo.git
cd apollo
git checkout [release_branch_name]
```

(2) 设置环境变量。

```
echo "export APOLLO_HOME=$(pwd)" >> ~/.bashrc && source ~/.bashrc
```

打开新终端应用上述环境变量或者在现有终端中输入 source ~/.bashrc 应用环境变量。

6.1.3 安装 Docker CE 环境

Docker 是一个开源的应用容器引擎,使开发者能够打包他们的应用以及依赖包到一个可移植的容器中,然后发布到任何流行的 Linux 机器上,实现虚拟化,容器完全使用沙箱机制,相互之间不会有任何接口。安装 Docker CE 环境的步骤如图 6.1 所示。

在此步骤中,可以把用户名加入到 Docker 中,这样使用 Docker 时无须再输入 sudo,具体步骤如图 6.2 所示。

然后重新进入系统,使刚才的命令生效。若此时不用 sudo,命令仍能执行,说明已安装成功。

```
1   $ sudo apt-get update
2
3   $ sudo apt-get install \
4   apt-transport-https \
5   ca-certificates \
6   curl \
7   software-properties-common
8
9   $ curl -fsSL https://download.docker.com/linux/ubuntu/gpg | sudo apt-key add -
10  $ sudo apt-key fingerprint 0EBFCD88
11
12  $ sudo add-apt-repository \
13  "deb [arch=amd64] https://download.docker.com/linux/ubuntu \
14  $(lsb_release -cs) \
15  stable"
16
17  $ sudo apt-get update
18
19  $ sudo apt-get install docker-ce=17.03.1~ce-0~ubuntu-trusty
```

■图 6.1　安装 Docker CE 环境

```
1   $ sudo groupadd docker
2   $ sudo usermod -aG docker *** (你的用户名)
3   Log out
```

■图 6.2　添加用户名

Docker CE 官方参考网址为 https://docs.docker.com/install/linux/docker-ce/ubuntu/。

6.1.4　编译源代码

使用如下命令编译 Apollo 源代码。
拉取 Apollo 镜像：

bash docker/scripts/dev_start.sh

进入容器：

bash docker/scripts/dev_into.sh

编译 Apollo：

bash apollo.sh build

如果用户没有 GPU，可采用下述命令编译：

bash apollo.sh build_cpu

如果 CPU 运行速率慢，可以通过以下命令限制 CPU 的运行速率：

bash apollo.sh build -- local_resources 2048,1.0,1.0

6.1.5 启动 Apollo 仿真平台

进入 Docker 之后在终端中输入：

bash scripts/bootstrap.sh

启动必要组件。在 Chrome 或 Firefox 浏览器中打开网址 http://localhost:8888/，Apollo 初始页面如图 6.3 所示。

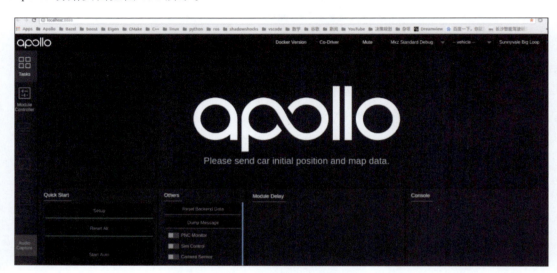

■图 6.3　Apollo 初始页面

通过以下命令下载 demo 数据包：

cd docs/demo_guide/
python rosbag_helper.py demo_3.5.record

通过以下命令回放 demo 数据包：

rosbag play -l docs/demo_guide/demo_3.5.bag

若用户安装的 Apollo 版本为 3.5，由于运行机制的不同，回放数据包命令应为：

cyber_recorder play -f docs/demo_guide/demo_3.5.record -loop

3.5 版本的其他改进与用法介绍详见 Apollo GitHub 官方网站 https://github.com/ApolloAuto/apollo。

接下来在 Dreamview 中打开 Sim Control 选项，并在右上侧选择 Sunnyvale Big Loop 地图，在 Dreamview 中切换左侧标签至 Module Controller 页，开启 Planning 与 Routing 模块，在 Dreamview 中切换左侧标签至 Default Routing，选择 Route：Reverse Early Change Lane，若看到道路输出汽车规划轨迹，并且汽车向前行驶，表明 Apollo 构建运行成功，Dreamview 页面如图 6.4 所示。

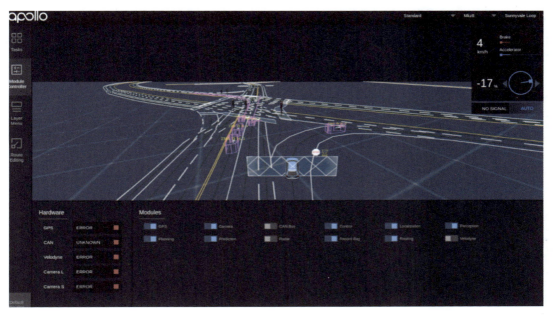

图 6.4 Dreamview 页面

6.2 基于本地 Apollo 环境的 Planning 模块调试

6.2.1 进入 Apollo 环境

服务器已经安装好了 Apollo3.0 版本的环境,接下来需要进行以下步骤。

(1) 进入 Apollo Docker。连接成功后,在终端输入 cd apollo 进入 Apollo 文件夹,再输入 bash docker/scripts/dev_start.sh 拉取 Apollo 镜像(如果事先进行过这一步操作但是从 Docker 中退出来了,只需进行后一步),拉取完毕后输入 bash docker/scripts/dev_into.sh 进入 Docker。

(2) 启动必要组件。在终端输入 bash scripts/bootstrap.sh,可以看到 roscore、dreamview、monitor 等一系列组件都被打开了。

(3) 加载 ROS 环境变量。启动 ROS 后还不能正常使用其功能,需要加载一下其环境变量文件,否则后续操作中运行 ROS 相关的任何操作都会提示报错,在终端输入 source /home/tmp/ros/setup.bash 即可。若在 Docker 打开的基础上重新打开一个终端并进入了 Docker,要进行 ROS 相关操作也需要重新加载 ROS 环境变量。

(4) 添加 Python 路径到系统环境变量。由于后续运行的脚本很多需要调用 Python 库,因此不添加 Python 库调用路径到系统环境变量,会在后续操作中出现报错情况。操作步骤为:输入 vi ~/.bashrc(编辑该文件),在文件最后一行添加 export PYTHONPATH=/apollo/bazel-apollo/external/ros/lib/python2.7/dist-packages:/apollo/py_proto:/home/tmp/ros/lib/python2.7/dist-packages。

(5) 加载系统环境变量：进行完上述修改操作后在终端输入 source ~/.bashrc 即可。
完成上述步骤后即可进行下一步。

6.2.2 基于数据包制作相对地图

Navigation 模式是百度提供给开发者的无须基于高精地图的运行模式，仅使用基于已录制的传感器定位数据制作当地的相对地图即可。

制作相对地图的具体步骤列举如下。

(1) 进入地图制作工具所在文件夹：cd /apollo/modules/tools/navigator

(2) 运行数据提取脚本：python extractor.py /apollo/data/bag/ *** .bag

***.bag 是包含了传感器数据的 ROS 数据包，用软件上的仿真代替实车调试，需要事先准备好该数据包。可以选择单独录制的工具包，也可以从官方提供的 Demo 数据包 demo_2.5.bag 过滤掉不需要的话题得到新的数据包备用。此前已经完成了简单的数据包准备，相关文件放在了服务器/apollo 目录下。

此时已经从原始数据中初步提取出了汽车行驶地图信息，在 navigator 文件夹下生成了以.txt 结尾的文件。

(1) 运行结果验证脚本：python viewer_raw.py ./path_2018-04-01-09-58-00.bag.txt

这一步是将粗提取的地图信息在图表中可视化，类似图 6.5。

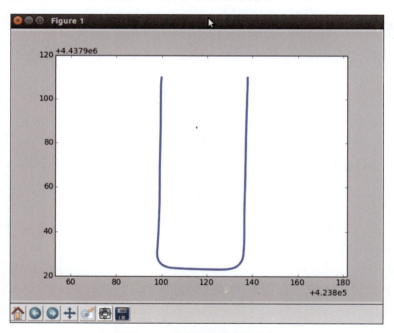

■图 6.5 粗提取的参考线数据

(2) 运行数据平滑脚本：bash smooth.sh ./path_2018-04-01-09-58-00.bag.txt 200

在进行录制数据时，汽车行驶轨迹波动较大，提取的裸轨迹数据也会不光滑，因此有必要对其进行平滑处理。

上述命令中 200 是平滑处理的长度，该值一般为 150～200，若执行失败，则可尝试调整参数,再次进行平滑处理。

（3）运行平滑结果验证脚本：python viewer_smooth.py ./***.txt ./***.txt.smoothed

第一个参数./***.txt 是裸数据,第二个参数./***.txt.smoothed 是平滑结果。这一步是将平滑处理后的地图信息在图表中可视化并与之前粗提取的地图做对比,类似图6.6。

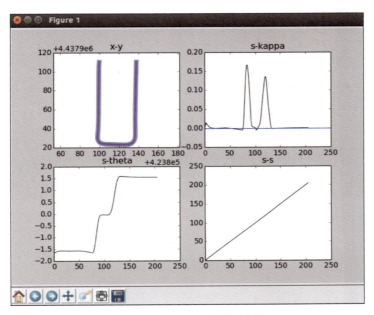

图6.6 平滑后的参考线数据

至此,相对地图制作完毕。

上述步骤参考文档网址为 https://github.com/ApolloAuto/apollo/blob/master/docs/howto/how_to_use_apollo_2.5_navigation_mode_cn.md。

6.2.3 Planning 模块运行调试

制作完相对地图后,Planning 模块要输出规划的路径信息前需首先完成4步。

（1）回放事先录制好的传感器数据,输入 rosbag play -l /.../.../***.bag。其中,-l 表示-loop,即循环播放,/.../.../***.bag 为数据包地址。

（2）打开 Dreamview 界面：在网址栏中输入 ip:8888 即可,其中 ip 为服务器 IP。

（3）设置 Navigation 模式相应配置：在 Dreamview 页面上方下拉选项中从左到右依次选择 Navigation、Mkz_example、Demo 模式,单击 Navi_planning 按钮、Relative_map 按钮,准备开始规划路径。

（4）向 Planning 模块发送制作好的相对地图：输入 cd modules/tools/navigator 进入文件夹,运行 python navigator.py ./path_***.txt.smoothed。

等待缓冲片刻可以在 Dreamview 界面看到左上角道路地图、在道路上行驶的汽车以及 Planning 模块规划出来的路径,类似图6.7。

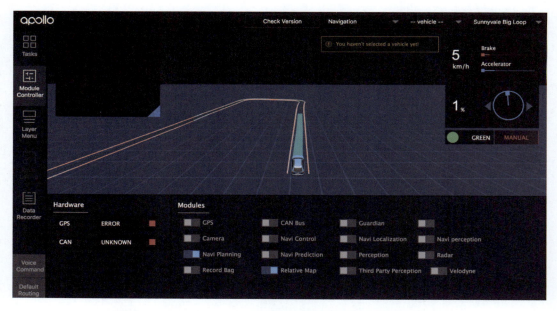

■ 图6.7　Apollo Dreamview 模拟出的道路轨迹和汽车行驶轨迹

6.2.4　Planning 模块可配置参数文件

在服务器中第一次运行 navi_planning 的过程可能会出现 Planning 模块自动关闭的现象。这些问题都可以通过调整 Planning 模块可配置参数文件来解决。

可配置参数是 Apollo 提供给开发者的外部接口，修改参数后重新运行模块，对比修改前后的效果（无须再次编译 Apollo）。Apollo Planning 模块可配置参数文件位置为/apollo/modules/planning/conf，包含文件如图 6.8 所示（3.0 版本）。

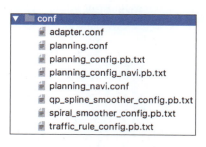

■ 图6.8　Apollo 配置文件列表

Planning 根据 proto 协议文件读取参数。proto 即 protobuf，也即 Protocol Buffer（以下简称 protobuf），是 Google 旗下的一款平台无关、语言无关、可扩展的序列化结构数据格式。

Planning 模块 Planner 通过引用自定义的 proto 文件中定义的参数内容及格式，来完成对可配置参数文件中参数具体取值的解析和读取。图 6.9 所示为 proto 文件夹下面的协议文件。

第6章 基于Apollo平台的决策与控制实践

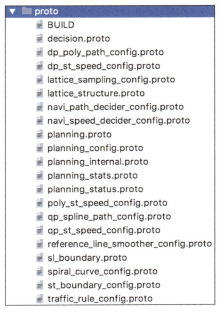

■图6.9 Apollo Planning 模块 proto 协议文件

当 Planning 模块被打开后,出现自动关闭并在终端报如图 6.10 所示错误的情况时,说明由于 NaviSpeedDeciderConfig 的参数 following_accel_ratio 无法被解析。

```
[libprotobuf ERROR external/com_google_protobuf/src/google/protobuf/text_format.
cc:287] Error parsing text-format apollo.planning.PlanningConfig: 225:30: Messag
e type "apollo.planning.NaviSpeedDeciderConfig" has no field named "following_ac
cel_ratio".
F0322 14:37:00.570123 26789 planning.cc:126] Check failed: apollo::common::util:
:GetProtoFromFile(FLAGS_planning_config_file, &config_) failed to load planning
config file modules/planning/conf/planning_config_navi.pb.txt
*** Check failure stack trace: ***
```

■图6.10 首次运行 Navigation 模式 Planning 模块可能出现的错误

查看/apollo/data/log/下的 planning.ERORR 文件,发现有错误,这个错误发生的原因在于/Apollo/modules/planning/conf/planning_config_navi.pb.txt 文件里 NAVI 模式的参数第一次解析的过程有问题(3.0模式是这样,其他版本根据协议文件不同,运行结果也不同)。

需要将 NAVI 最后几行中 following_accel_ratio、curve_speed_limit_ratio、hard_speed_limit、hard_accel_limit 参数注释掉。参数位置如图 6.11 所示。

规划模式可选择 EM 或者 NAVI(见 planning_config_navi.pb.txt 第一行),再次刷新 Dreamview 页面并打开 NAVI Planning 模块后即可看到规划效果。

具体可修改参数内容与下节针对 Apollo 仿真平台的调参内容一致。

```
navi_speed_decider_config {
    preferred_accel: 1.0
    preferred_decel: 2.0
    max_accel: 4.0
    max_decel: 5.0
    obstacle_buffer: 0.5
    safe_distance_base: 2.0
    safe_distance_ratio: 1.0
    following_accel_ratio: 0.5
    curve_speed_limit_ratio: 0.01
    hard_speed_limit: 10.0
    hard_accel_limit: 6.0
}
```

■图6.11 Navination 模式 Planning 参数文件(部分)

6.3　Apollo 仿真平台

6.3.1　仿真平台的真实性

外界环境的真实性通常依赖于三个部分：静态环境的真实性、动态环境的真实性以及汽车行为的真实性。准确来说，静态环境的真实建模难度不是很大，如游戏画面中，经常可以看到"照片画质"的渲染，有十分真实的效果。而商业中，另外一个关注点是成本，即建模所用的时间成本。无人车的场景重建与游戏有很多不同，游戏中的场景并不考虑真实环境。而真实仿真器中的场景是要与真实世界相吻合，其精度需要达到毫米级。

（1）静态环境的真实性。

静态环境是相对于动态障碍物而言的，如道路（包括各种地面元素）、栅栏、红绿灯、路旁的路灯和绿植两侧的高楼，这些场景在自动驾驶中属于背景元素。当然，这与行人、汽车等动态障碍物不同，百度目前有完整的百度高精地图制作流水线，能够以低成本实现厘米级精度的世界道路刻画。Apollo 仿真器的静态世界的展现直接使用了 Apollo 高精地图数据。所以它不仅是真实的，而且具有低廉的成本。

（2）动态环境的真实性。

动态环境的真实性也就是各种障碍物的行为真实性。动态障碍物增添了外界因素，相对静态场景重建更加复杂，因为通常人的行为难以预测。Apollo 仿真是用实际道路上采集的大量真实数据，通过 Apollo 感知算法做动态场景重建。一方面通过 Apollo 数据生态可以得到更多的数据进行场景补充；另一方面利用自身持续迭代的感知算法更加精确地还原真实世界，进而使仿真质量得以提升。

（3）汽车行为的真实性。

汽车行为的真实性主要分为传感器模拟和汽车动力学模拟。传统的商业仿真软件在以上两个领域已经进行了很长时间的研发，成果已经被各大车厂所公认。Apollo 倡导开放和共赢的思想，对于这两块功能，Apollo 仿真平台是以开放的商业仿真软件方式来实现这两个特征的。

6.3.2　仿真平台的全面性

仿真平台的异常检测，就是先输入一个条件，再输出一个预期值。汽车运行的场景要具备完整的判定准则和体系，即判定算法。因此，要保证进行全面的异常检测。仿真平台的全面性包括全面的场景库和全面的判定功能。

（1）全面的场景库。实际情况下，很难实现十分全面的场景库，而且"100% 全面"在理论上也很难达到。所以目前唯一可行的做法是在受限场景下逼近全面。换种说法，这个"受限场景"就是无人车算法的问题域定义，也就是说这个算法要解决哪一种受限场景。不同的应用场景，仿真器的设计也许会有很大不同。只有一种问题域的划分方式能够对仿真器设计产生彻底变化，那就是智能驾驶对比于无人驾驶。

（2）全面的判定功能，这取决于算法能力域的设计。算法能力域就是指算法能达到的上限,也就是说,算法能力是仅能实现设定的功能,还是能在场景中表现得非常完美。对于判定算法而言,如果仅仅是做到机器人型驾驶的判定其实并不难,难点在于做到拟人型驾驶的判定。所以这里也有一个对仿真器算法产生重大影响的能力域的划分方式,就是"机器人型驾驶"(Just Work)的判定以及"拟人型驾驶"(Work Well)的判定。

6.3.3 仿真系统的结构

分布式仿真框架的简图如图6.12所示。由于分布式仿真平台的计算模型很像传统的MapReduce(MR,一种编程模型,用于大规模数据集的并行运算)。所以整个平台的分布式调度按照传统的MR架构来进行。

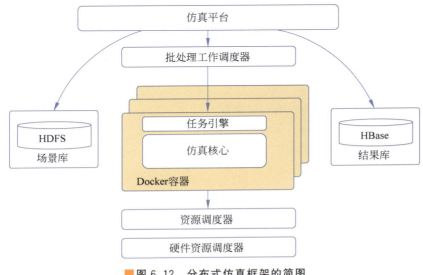

■图6.12 分布式仿真框架的简图

从整体上看,分布式仿真框架按层次和功能,可以从如下几部分进行说明。

下层是硬件资源调度器(Hardware Resource Scheduler)。由于仿真结点的运行会用到GPU+CPU/ CPU/CPU+FPGA多种硬件组合,同时仿真的运行是一种弹性的资源使用,所以单独地剥离出来一层硬件资源调度器。这层调度器是支持更换的。如在百度内部,使用了资源调度器Matrix,如果是在开源系统里,支持使用K8S,再如与微软合作的Apollo Simulation Global中,使用了微软的Cosmos。

上层是批处理工作调度器(Batch Job Scheduler)。因为分布式仿真运行模式为批处理工作(Batch Job),所以单独剥离了一层批处理工作调度器。它负责工作的整个生命周期的运行状态的推进,如各种部署、启动、运行状态检查、重试、优先级、弹性伸缩等逻辑。同样,单独剥离出一层的原因在于解耦了这层标准化的分布式计算模型,也允许根据用户特别的需要进行替换。在内部使用了百度的Normandy调度框架,在外部支持更换成业界主流的K8S等。

中间层是仿真核心(Sim-Core)。它运行在Docker(一种开源的应用容器引擎)容器中。仿真核心中运行的是客户的算法+仿真逻辑,包括场景重建+动力学模型+精细化度量。由于运行模型复杂,所以在容器内抽象了上下两层:上层叫作任务引擎(Task Engine),专门负责复杂的仿真执行流程调度,下层是仿真核心,用来放置用户自己的算法。

在外层有两个储存组件(Storage Component):场景库(Scene Store)和结果库(Result Store)。围绕着计算,该层统一管理了数据。

仿真平台(Simulation-platform)主要提供了提交接口、数据分析等,串联起完整的仿真流程,供用户使用。

6.3.4 动态变速仿真技术

这里做一下对比,真实道路情况下,车载算法是在车载计算机上运行,此时实时性要求很高,所以往往需要保留较多的系统资源冗余(以应对随时到来的系统处理颠簸的情况),万一出现颠簸状态,实时系统会采用丢帧的方式以保证运行时消息处理的低延迟。

仿真系统是以离线运行的。如果没有任何处理,将需要用更高端的服务器,保留更多的系统资源,或者降低运行速率,从而保证不丢帧。当然,这种做法一方面会空闲大量的运行资源,另一方面降低了运行速度,所以使用动态变速仿真技术。

动态变速仿真技术本质上是对无人车复杂数据流进行流控的过程,可以分为以下两项。

(1) 对于处理时间较短的帧,缩短了数据处理的间隔。

(2) 对于处理时间较长的帧,等待处理完成再继续处理后续的帧。而整个调度系统是一种根据当前处理帧的耗时做弹性变化。

通过这两项的改进可以实现:零等待和零丢帧,这样就可以充分地利用现有的硬件资源,以最快的速度运行。据相关测试,采用了动态变速仿真技术,在保证仿真结果的前提下,单机仿真效率提高了数倍以上。

6.3.5 仿真平台实践

1. Dreamland 仿真平台介绍

1) 仿真平台介绍

基于大量的驾驶场景数据和大规模的云计算能力,Apollo 仿真引擎为自动驾驶系统的开发创建了一个强大的虚拟闭环——从算法到分级再到改进的算法。它使开发人员和初创企业能够每天运行数百万英里的模拟,从而大大加快了开发周期。

通常有两种类型的场景:Worldsim 和 Logsim。Worldsim 是通过特定且明确定义的障碍物行为和交通灯状态手动创建的。它们在明确定义的环境中测试自动驾驶汽车非常简单而有效。然而,它们确实缺乏现实世界交通条件下的复杂性。另外,Logim 是从真实世界的数据中提取的,它们更现实,但也更不确定。感知的障碍可能是模糊的,交通条件更复杂。

当前版本的 Apollo 仿真引擎具有以下特征。

(1) 场景。

图 6.13 所示为仿真场景。

目前提供了大约 200 个情景案例,包括:

① 不同类型的道路,如交叉路口、掉头车道、直通车道、丁字路口和弯道。

② 不同类型的障碍物,如行人、汽车、自行车等。

③ 不同的驾驶计划,例如车道跟随、掉头、车道变换、左转、右转和车道合并。

第6章 基于Apollo平台的决策与控制实践 129

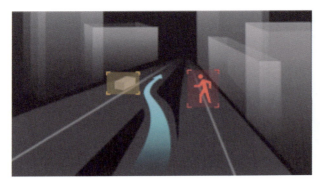

图6.13 仿真场景

④ 不同的红绿灯状态，如红色、黄色和绿色。
(2) 仿真执行模式。
图6.14所示为仿真执行模式。

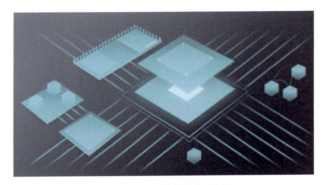

图6.14 仿真执行模式

仿真执行模式支持同时高效运行多个场景，支持在Apollo环境中验证一个或多个模块。

(3) 自动评分系统。

当前版本启用以下评分指标：碰撞检测、红灯违规检测、超速检测、越野检测、到达测试、硬制动检测、加速测试、路由寻径测试、结点检测中的变道行为、人行横道上的行人避让、紧急制动、停车标志处停车。

(4) 三维可视化。

图6.15所示为仿真可视化界面。

仿真可视化界面表现实时路况，例如当前车道、交通灯和车速限制；输出模块的可视化，例如路径、障碍物和规划轨迹；显示自动驾驶汽车的状态，例如速度、航向和制动/油门状态。

2) 使用方法
(1) 开发符合Apollo模块接口的算法。

Apollo仿真服务允许用户为某些模块插入自己的算法，例如动作规划。用户可以订阅仿真平台发布的消息作为他们自己的算法的输入。最好的方法是从开源Apollo派生出自己的Git。

■ 图 6.15 仿真可视化界面

仿真平台将为一些模块(见表 6.1)提供输出,开发人员可以订阅一个或多个主题,并根据需求从 API 检索数据。表 6.1 描述了每个模块的标准 API。

表 6.1 仿真平台模块标准 API(一)

Module	Topic	Description	Protobuf Interface	Fields provided by simulation
Localization	/apollo/localization/pose	Output the position, heading etc. of the autonomous car	proto file	position, orientation, heading, linear_velocity, linear_acceleration, angular_velocity
Perception	/apollo/perception/obstacles	Output the position, heading, velocity, shape etc. of the obstacles	proto file	id, position, heading, velocity, length, width, height, type, polygon points
	/apollo/perception/traffic_light	Output the traffic light status	proto file	color, id, tracking_time
Canbus	/apollo/canbus/chassis	Output the speed, driving mode etc. of the autonomous car	proto file	speed_mps
Routing	/apollo/routing_response	Output the navigation results	proto file	the entire routing response as defined by proto file

用户自主开发模块的输出应满足如表 6.2 所示的标准 API。值得注意的是,规划模块始终有输出,而预测模块输出是可自主选择的。

表 6.2 仿真平台模块标准 API(二)

Module	Topic	Description	Protobuf Interface	Fields provided by users
Planning	/apollo/planning	Output a trajectory to be followed by the autonomous car in the next few seconds	proto file	timestamp_sec in Header v, a, relative_time in TrajectoryPoint x, y, z, theta, kappa in PathPoint MainDecision in DecisionResult ObjectDecisions in DecisionResult
Prediction	/apollo/prediction	Output the predicted trajectories of various obstacles	proto file	trajectory in PredictionObstacle

（2）管理所需要的场景组成。

在 Scenario Management（场景管理）页面中（见图 6.16），用户可以根据测试需求对测试场景进行分组。只需输入新的组别名称，然后选择要包含在该组中的测试方案，也可以删除不再需要的组。

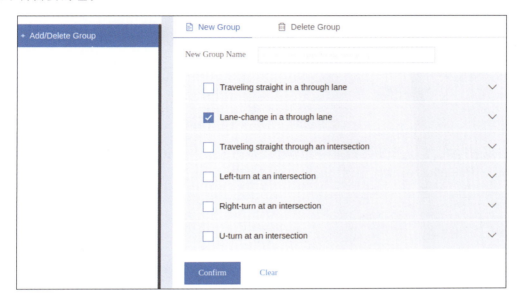

图 6.16　仿真平台场景管理

（3）场景运行仿真。

用户可以通过以下步骤上传自己的算法以批量测试方案。

① 选择模拟主页左侧边栏上的 Task Management（任务管理）选项卡，如图 6.17 所示。

② 单击 New Task（新建任务）以开始创建新的批处理执行任务。

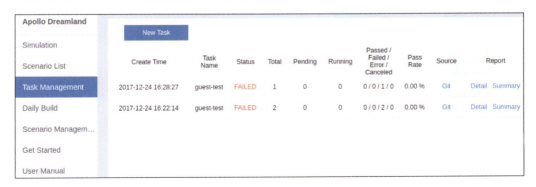

图 6.17　仿真平台运行记录

③ 创建任务名称，然后单击 Select Scenarios（选择场景）以选择要包含在此任务中的测试场景，然后单击 Run（运行）按钮，如图 6.18 所示。

④ 在 ADS 选择界面中，用户可以根据需要选择适当的方案。目前，用户可以逐个选择

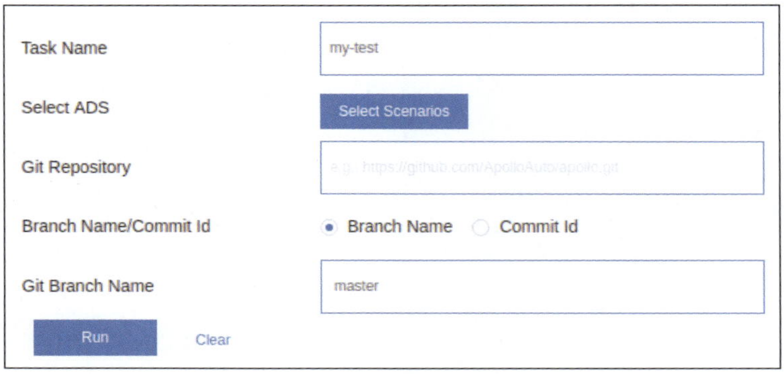

图 6.18 仿真平台任务创建

场景,也可以根据场景分类选择一组场景,如图 6.19 所示。同时,它允许用户选择在 Scenario Management 页面中创建的用户自定义组。

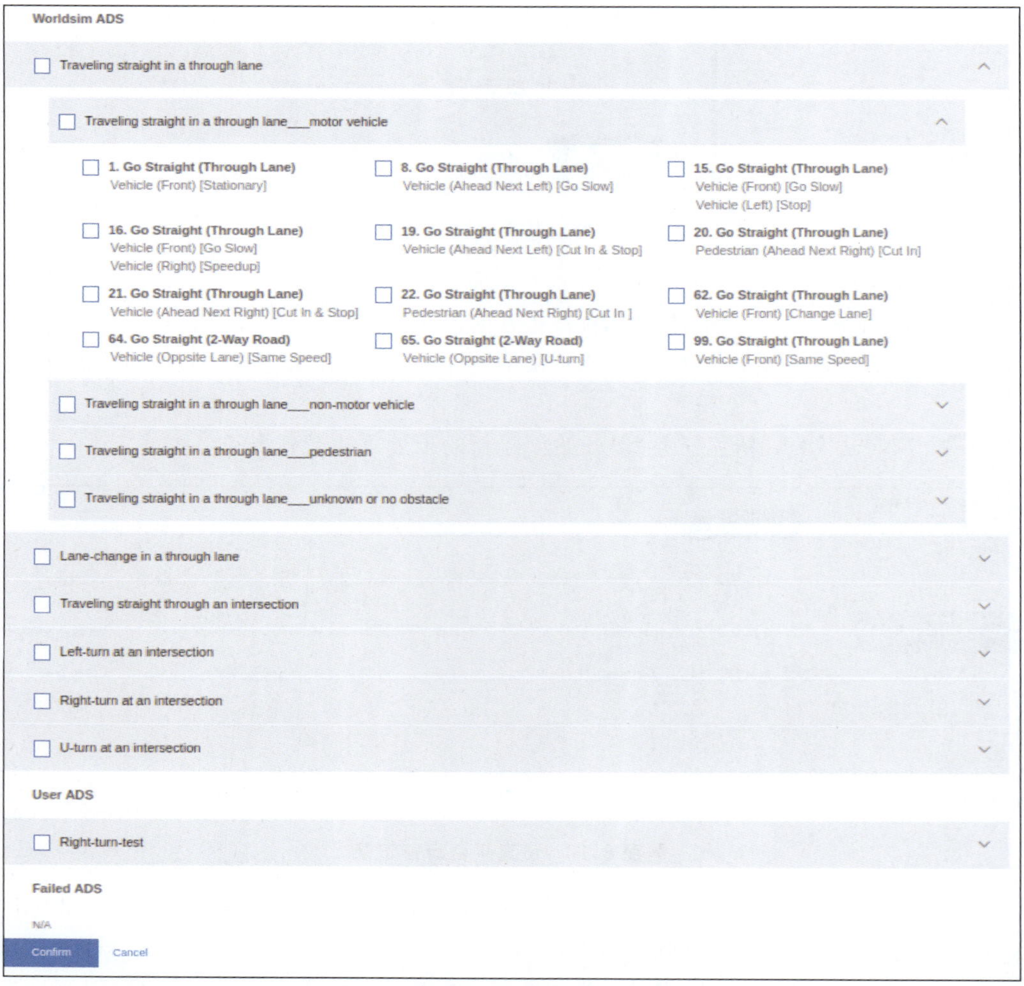

图 6.19 仿真平台场景选择

如果需要查看场景具体画面,回到主页面,在菜单选项中单击 Sample Scenarios,即可通过可视化界面看到特定场景内容,如图 6.20 所示。

图 6.20　仿真场景可视化

确认所选仿真场景后,回到任务创建界面单击 Confirm(确认)按钮以提交选择,新任务页面将反映所选方案的数量。

⑤ 仿真平台允许用户使用可公开访问的 Git 运行自己的算法。填写所需 Git 存储库的 HTTPS 链接,例如 https://github.com/ApolloAuto/apollo.git,并选择分支名称以指定要编译和测试的代码的版本。目前只保证与 Apollo2.0.0 以上版本的 Git 代码的兼容性。

单击 Run(运行)按钮以提交任务,如图 6.21 所示。

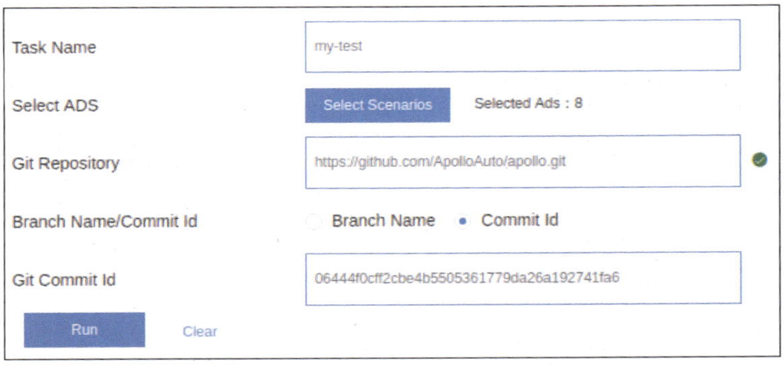

图 6.21　仿真平台任务提交

(4) 仿真结果分析。

在 Task Management(任务管理)页面中,用户能够获得创建的任务列表。对于每个任务,用户可以单击 Detail(详细信息)以检查每个方案的详细结果,然后单击 Summary(摘要)以查看任务的统计报告,如图 6.22 所示。

对于每种场景,每个度量标准的评分结果将显示在 Detail(详细信息)页面中,如图 6.23 所示。

Create Time	Task Name	Status	Total	Pending	Running	Passed / Failed / Error / Canceled	Pass Rate	Source	Report	Action
2017-12-14 14:21:02	intersection-test	PASSED	17	0	0	17 / 0 / 0 / 0	100.00 %	Git	Detail Summary	-
2017-12-14 14:09:08	through-lane-test	FAILED	29	0	0	20 / 9 / 0 / 0	68.97 %	Git	Detail Summary	-
2017-12-14 13:36:24	my-test	FAILED	8	0	0	0 / 8 / 0 / 0	0.00 %	Git	Detail Summary	-

■ 图 6.22 仿真平台仿真日志列表

Scenario Name	Run Status	Collision Detection	Speeding Detection	Off-Road Detection	Red-Light Violation Detection	Arrival Test	Hard Braking Detection	Acceleration Test	Action
9. Turn Left (Intersection w/ Lights) - Pedestrian (Left Cross) [Cross]	Passed	Passed	Passed	Passed	Passed	Passed	Passed	Passed	Debug Play
29. Turn Left (Intersection w/o Lights) - No OBJ	Passed	Passed	Passed	Passed	Passed	Passed	Passed	Passed	Debug Play
47. Turn Left (Intersection w/o Lights) - Vehicle (Right Cross) [Go Straight Fast]	Passed	Passed	Passed	Passed	Passed	Passed	Passed	Passed	Debug Play
48. Turn Left (Intersection w/o Lights) - Vehicle (Opposite Lane) [Turn Right Early]	Passed	Passed	Passed	Passed	Passed	Passed	Passed	Passed	Debug Play
49. Turn Left (Intersection w/o Lights) - Pedestrian (Ahead Right) [Cross Early]	Passed	Passed	Passed	Passed	Passed	Passed	Passed	Passed	Debug Play
68. Turn Left (Intersection w/ Lights) - Vehicle [Same Direction] U-turn - Vehicle (Right Cross) [Go Straight]	Passed	Passed	Passed	Passed	Passed	Passed	Passed	Passed	Debug Play
71. Turn Left (Intersection w/ Lights) - Vehicle (Right Cross) [Go Straight] - Pedestrian (Left Cross) [Cross]	Passed	Passed	Passed	Passed	Passed	Passed	Passed	Passed	Debug Play
72. Turn Left (Intersection w/ Lights) - Pedestrian (Left Cross) [Cross] - Vehicle (Opposite Lane) [Turn Right]	Failed	Passed	Passed	Failed	Passed	Passed	Passed	Passed	Debug Play
73. Turn Left (Intersection w/ Lights) - Pedestrian (Ahead Right) [Cross] - Vehicle (Right Cross) [Go Straight]	Passed	Passed	Passed	Passed	Passed	Passed	Passed	Passed	Debug Play
80. Turn Left (Intersection w/ Lights) - Vehicle (Opposite Lane) [Go Straight]	Passed	Passed	Passed	Passed	Passed	Passed	Passed	Passed	Debug Play
81. Turn Left (Intersection w/ Lights) - Pedestrian (Ahead Right) [Cross]	Passed	Passed	Passed	Passed	Passed	Passed	Passed	Passed	Debug Play
82. Turn Left (Intersection w/ Lights) - Vehicle (Same Direction) [U-turn]	Failed	Passed	Passed	Passed	Failed	Passed	Passed	Passed	Debug Play
83. Turn Left (Intersection w/o Lights) - Pedestrian (Left Cross) [Cross]	Passed	Passed	Passed	Passed	Passed	Passed	Passed	Passed	Debug Play
91. Turn Left (Intersection w/o Lights) - Vehicle (Opposite Lane) [Go Straigh]	Passed	Passed	Passed	Passed	Passed	Passed	Passed	Passed	Debug Play

■ 图 6.23 仿真结果详细信息

单击 Play(播放)按钮以查看其 3D 可视化,如图 6.24 所示。单击 Debug(调试)按钮以使用此特定场景和更新的 Git 提交新任务。

■ 图 6.24 仿真效果可视化

可以在 Summary（摘要）页面中查看统计报告，如图 6.25 所示。

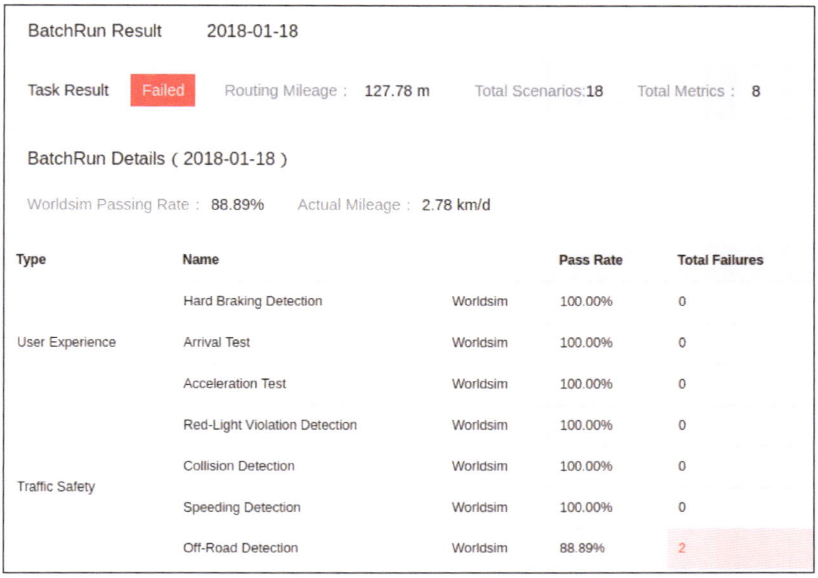

■ 图 6.25　仿真结果详细报告

2. Apollo GitHub 代码上传

Dreamland 的主要功能是通过 GitHub 上传 Apollo 相关代码到云上进行仿真。对于 Apollo 团队创建的官方 GitHub 分支，Dreamland 已经有多次仿真记录，因而如果直接上传该 Git 存储库的 HTTPS 链接，系统将默认跳转到之前的仿真记录以便用户查看，而并非重新运行仿真过程。因此如果用户需要独立执行一遍云端仿真流程，需要自己创建 GitHub 分支内容并上传到相应网址。为了体验仿真流程，用户可以复制 Apollo GitHub 官方分支代码到自己的 GitHub 仓库直接上传，也可以按照仿真平台的兼容性要求撰写自己的代码上传，这些都是有效的，最终仿真平台将需要数分钟到数十分钟不等的运行时间。

上传代码到 GitHub 有两种方式。一种是直接在网页界面单击 Upload files 按钮，如图 6.26 和图 6.27 所示。

■ 图 6.26　GitHub 网页版文件上传（一）

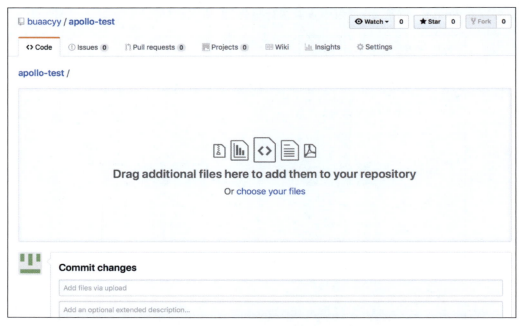

图 6.27　GitHub 网页版文件上传（二）

这种方式只能上传单个文件，无法实现文件夹或过大压缩包等的上传，比较麻烦，因此还有另一种方式：下载 Git 客户端并配置，以实现本地仓库与在线 reopository 的文件交互。下面以 Mac 版 Git 客户端为例，记录整个配置和上传流程。

下载 Git 客户端，如图 6.28 所示。Git 客户端程序地址为 https://git-scm.com/download/mac。

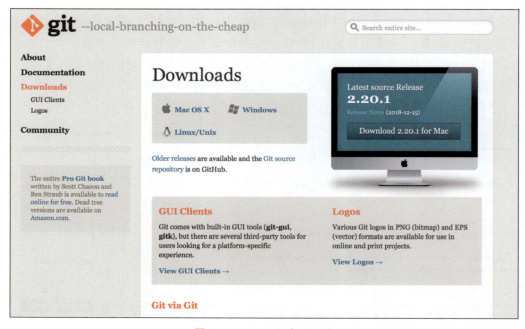

图 6.28　Git 客户端下载

安装完后在终端输入 git version 测试其是否安装成功。出现版本号则说明安装成功，如图 6.29 所示。

```
B000000048372D:~ v_chenyuyi$ git --version
git version 2.20.1
```

图 6.29 Git 客户端版本确认

接下来是创建 SSH。因为本地 Git 仓库和 GitHub 仓库之间的传输是由 SSH 加密的，所以必须要让 GitHub 仓库认证 SSH key，在此步骤之前，必须要生成 SSH key。

在终端输入命令 cd ～/. ssh，查看. ssh 文件夹是否含有 id_rsa、id_rsa. pub 文件，如图 6.30 所示，若没有则需要自行生成。

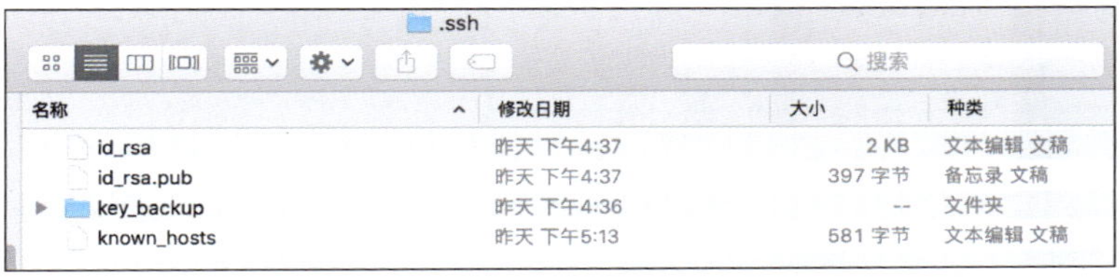

图 6.30 SSH key 所需文件列表

在终端输入 ssh-keygen -t rsa -C "youremail@example. com"，上述邮箱是 GitHub 的注册邮箱。一直按 Enter 键，直到出现 Overwrite(y/n)?，输入 y，继续按 Enter 键直到完成，如图 6.31 所示。

```
bogon:.ssh sexyhair$ ssh-keygen -t rsa -C 285442768@qq.com
Generating public/private rsa key pair.
Enter file in which to save the key (/Users/sexyhair/.ssh/id_rsa):
/Users/sexyhair/.ssh/id_rsa already exists.
Overwrite (y/n)? y
Enter passphrase (empty for no passphrase):
Enter same passphrase again:
Your identification has been saved in /Users/sexyhair/.ssh/id_rsa.
Your public key has been saved in /Users/sexyhair/.ssh/id_rsa.pub.
The key fingerprint is:
SHA256:Ao90BaTWoSPfQ/igaslu5ZmKOZP19NYpbIxUYpP6/Ec 285442768@qq.com
The key's randomart image is:
+---[RSA 2048]----+
|    .+           |
|    = o          |
|. B +..          |
| = *==.          |
|. .o*+o S        |
|o ++o. .E        |
|.*o*+= o .       |
|Bo += B +        |
|+=.  +.o         |
+----[SHA256]-----+
bogon:.ssh sexyhair$
```

图 6.31 SSH 连接个人 GitHub 账户

这里的 Overwrite 是因为之前生成过 SSH，所以会提示是否覆盖。确认完毕后，程序将生成一对密钥存放在以下文件夹：～/. ssh/。密钥分成两个文件：一个是私钥(id_rsa)，另一个公钥(id_rsa. pub)。私钥在计算机上保存，公钥交项目负责人添加到服务器上。用户必须拥有与服务器公钥所配对的私钥，才能继续访问服务器上的代码库。为了项目代码的安全，需要妥善保管私钥。一旦私钥外泄，将可能导致服务器上的代码被泄露。

接下来执行命令 pbcopy < ～/. ssh/id_rsa. pub 复制公钥的内容。

打开自己的 GitHub 页面，单击账户头像下的 Settings，打开 SSH 设置界面，如图 6.32 和图 6.33 所示。

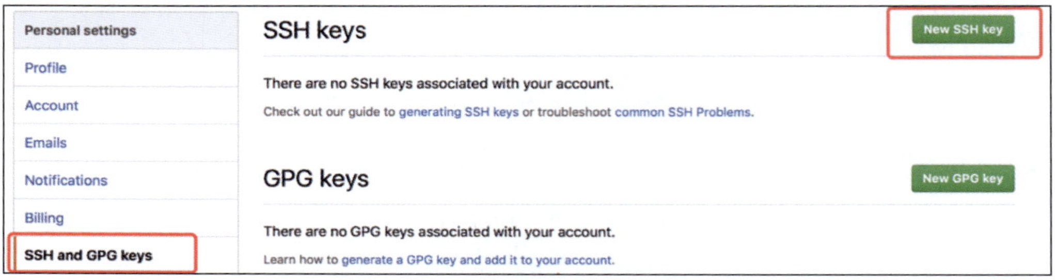

图 6.32　GitHub 网页版 SSH key 设置(一)

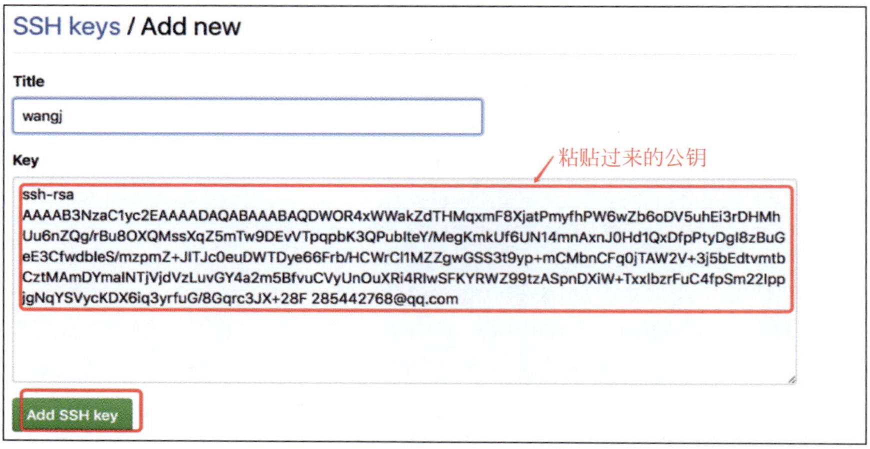

图 6.33　GitHub 网页版 SSH key 设置(二)

在终端输入命令 ssh -T git@github.com 以测试连接是否成功。出现如图 6.34 所示界面则说明连接成功。

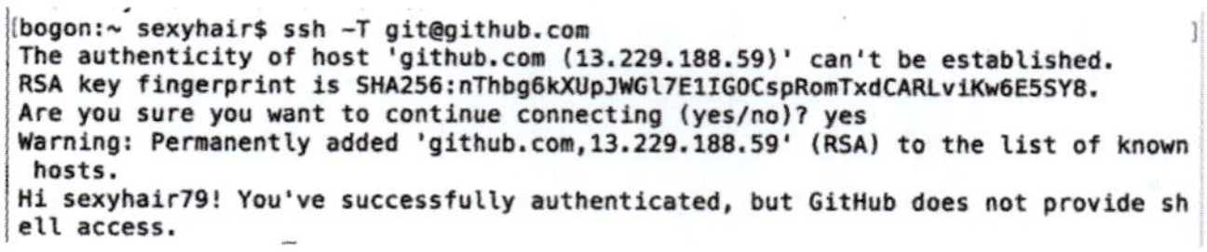

```
bogon:~ sexyhair$ ssh -T git@github.com
The authenticity of host 'github.com (13.229.188.59)' can't be established.
RSA key fingerprint is SHA256:nThbg6kXUpJWGl7E1IGOCspRomTxdCARLviKw6E5SY8.
Are you sure you want to continue connecting (yes/no)? yes
Warning: Permanently added 'github.com,13.229.188.59' (RSA) to the list of known
 hosts.
Hi sexyhair79! You've successfully authenticated, but GitHub does not provide sh
ell access.
```

图 6.34　SSH 连接个人 GitHub 特定仓库

接下来非常关键的一步就是将本地仓库中的文件传输到 GitHub 上。

在终端输入命令"cd 项目目录",例如 cd apollo-master,跳转到项目目录。

在终端输入命令 git init,瞬间 Git 就把仓库建好了,而且告诉用户是一个空的仓库(empty Git repository)。

在终端输入命令 git add.(不能忘记后面的"."),此操作是把 Test 文件夹下面的文件都添加进来。

在终端输入命令 git commit -m "描述信息"(注:"描述信息"部分可以换成自己对上传文件的描述,如 first commit),如图 6.35 所示。

在终端输入命令 git remote add origin https://github.com/buaacyy/apollo-test.git,origin 后面跟的是 github repository 地址,如图 6.36 所示。

```
bogon:wangjdemo sexyhair$ git add \*
bogon:wangjdemo sexyhair$ git commit -m "imitate airbnb index display"
[master (root-commit) b9d2af9] imitate airbnb index display
 123 files changed, 11812 insertions(+)
 create mode 100644 .gitignore
 create mode 100644 .idea/gradle.xml
 create mode 100644 .idea/misc.xml
 create mode 100644 .idea/modules.xml
 create mode 100644 .idea/runConfigurations.xml
 create mode 100644 .idea/vcs.xml
 create mode 100644 app/.gitignore
 create mode 100644 app/build.gradle
 create mode 100644 app/proguard-rules.pro
 create mode 100644 app/src/androidTest/java/com/sexyhair/wangjdemo/ExampleInstr
umentedTest.java
```

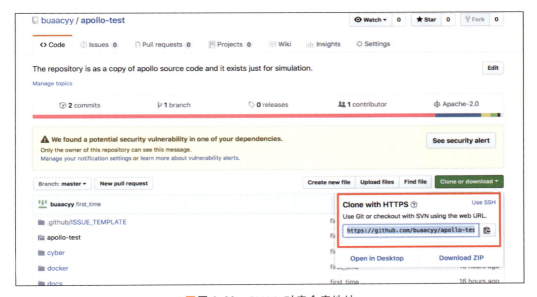

图 6.35　本地文件上传至 GitHub 仓库

图 6.36　GitHub 对应仓库地址

在终端输入命令 git push -u origin master（注：此操作目的是把本地仓库拉取到 GitHub 上面，此步骤需要输入账号和密码）。提交代码成功则出现如图 6.37 所示的提示。

```
bogon:test3 sexyhair$ git push -u origin master
Counting objects: 73, done.
Delta compression using up to 8 threads.
Compressing objects: 100% (55/55), done.
Writing objects: 100% (73/73), 124.31 KiB | 222.00 KiB/s, done.
Total 73 (delta 1), reused 0 (delta 0)
```

图 6.37　代码提交成功

然而在输入 git push -u origin master 时很有可能报如图 6.38 所示的错误。

```
B000000048372D:apollo-master v_chenyuyi$ git push -u origin master
To https://github.com/buaacyy/apollo-test.git
 ! [rejected]        master -> master (fetch first)
error: failed to push some refs to 'https://github.com/buaacyy/apollo-test.git'
hint: Updates were rejected because the remote contains work that you do
hint: not have locally. This is usually caused by another repository pushing
hint: to the same ref. You may want to first integrate the remote changes
hint: (e.g., 'git pull ...') before pushing again.
hint: See the 'Note about fast-forwards' in 'git push --help' for details.
```

图 6.38　代码提交报错

这个时候如果代码文件没有问题，则可以通过强制上传，即输入 git push -f origin master，再打开 GitHub 界面进行刷新，则可以看到自己的本地代码已经上传到网页上了，如图 6.39 所示。

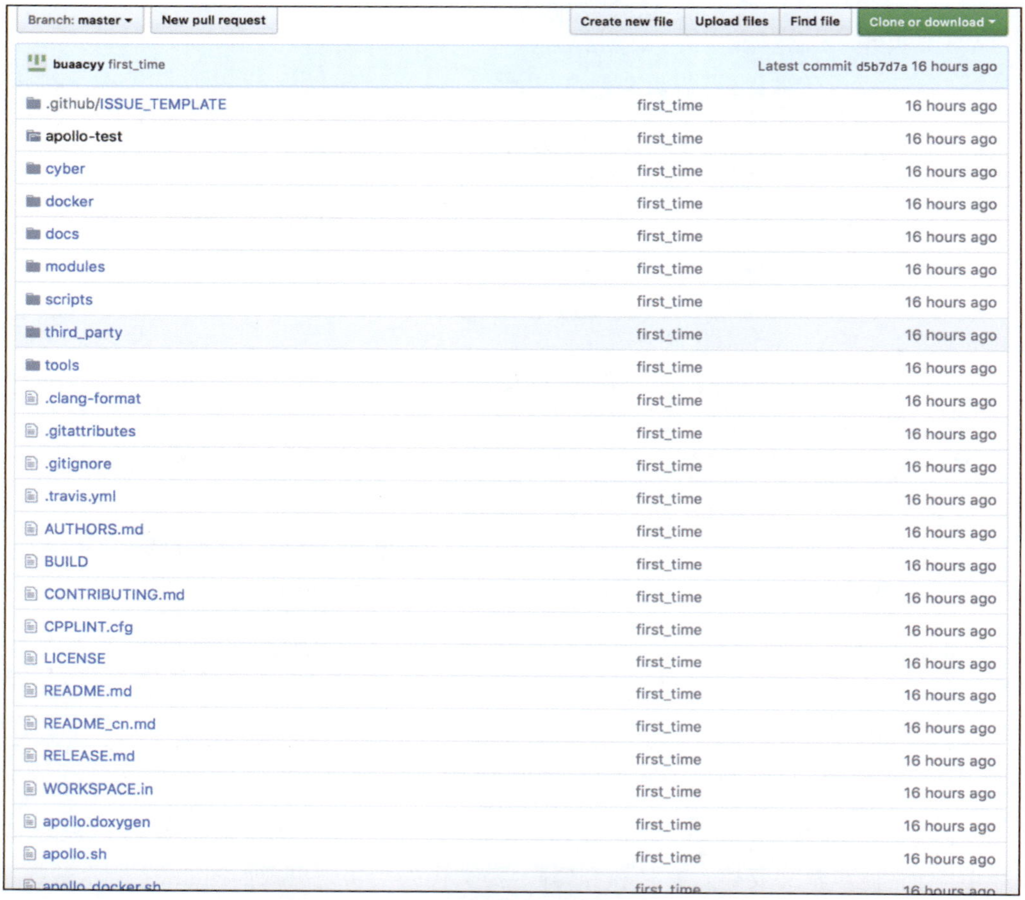

图 6.39 GitHub 文件更新列表

代码成功上传后，就可以进入仿真平台进行提交了。进入 Task Management，单击 New Task 按钮，选择场景，输入自己的 GitHub 地址和分支，单击 Run 选项运行仿真、等待仿真结果即可。

仿真结果如图 6.40 所示。

图 6.40 仿真结果

单击 Detail 按钮，结果如图 6.41 所示。

单击 Play 按钮则可以在 Dreamview 里看到刚刚自己仿真的场景三维画面。

第6章 基于Apollo平台的决策与控制实践

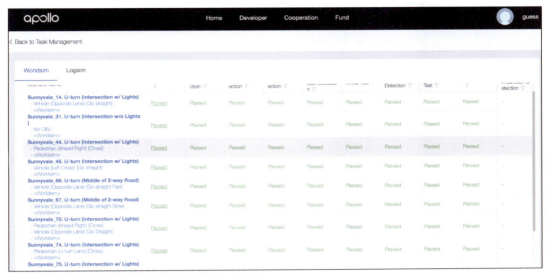

■ 图 6.41 仿真结果的具体细节

单击 Summary 按钮,如图 6.42 所示,可以看到仿真结果的各项具体指标。

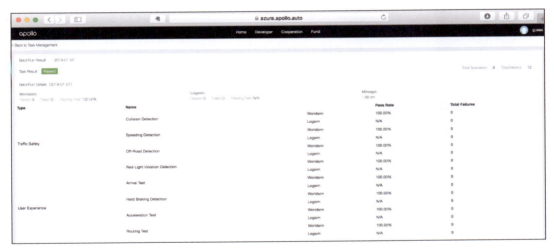

■ 图 6.42 仿真结果的具体指标

3. Planning 模块参数调整仿真实例

Dreamland 所提供的场景主要有人造场景(Worldsim Scenarios)和真实场景(Logsim Scenarios)两部分,两部分都包含了 Lane-change、Left-turn、Right-turn、Traveling straight 几个方面的不同场景,如图 6.43 所示。在选择的过程中,为了让场景尽可能有代表性,我们综合考虑交通参与者数量、场景通行难度、汽车动作随参数变化调整幅度几个方面的因素,选择 Worldsim Scenarios 中的 U-turn、Left-turn、Right-turn 中的部分场景进行实验。

用户若不选择对源代码进行修改,则可以对 Planning 模块的参数文件进行调整,参数配置文件地址为/modules/planning/conf。

■图 6.43 仿真场景选择

调整参数参考代码如下：

```
-- planning_upper_speed_limit = 4.69
-- ignore_overlapped_obstacle = true
-- prioritize_change_lane
-- enable_reference_line_stitching
-- min_length_for_lane_change = 5.0
-- nouse_multi_thread_to_add_obstacles
-- enable_multi_thread_in_dp_poly_path
-- enable_multi_thread_in_dp_st_graph
-- default_cruise_speed = 20.00
-- prioritize_change_lane = true
-- enable_change_lane_decider = true
-- reckless_change_lane = false
-- static_decision_nudge_l_buffer = 0.15
-- nudge_distance_obstacle = 0.15
-- min_stop_distance_obstacle = 3
-- planning_loop_rate = 60
qp_spline_smoother_config.pb.txt:
lateral_boundary_bound : 0.1
```

以 planning_upper_speed_limit 参数为例进行调整。在 planning.conf 文件中，将该参数由 13.5 改为 1.5，如图 6.44 所示，这将让仿真场景中汽车速度上限大大降低。

参数修改前的仿真结果如图 6.45 所示。

参数修改后的仿真结果如图 6.46 所示。

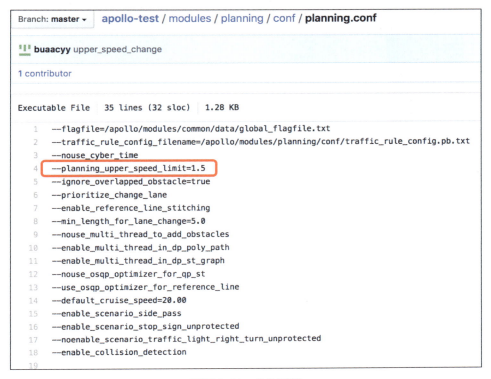

图 6.44 参数调整

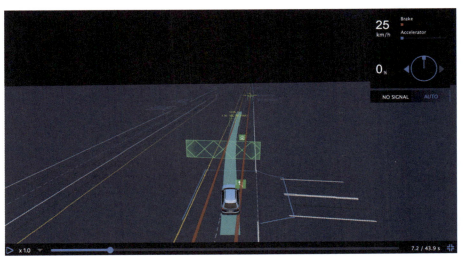

图 6.45 未修改参数的仿真结果

可以看出,汽车到达同一位置时,参数修改前后汽车的速度(见图片右上角)产生了非常明显的对比,这一效果也可以从该时刻本车与其他汽车的距离间隔看出来。

4. Dreamland 权限申请

Apollo 为开源平台,Dreamland 仿真平台也对大众开放。用户若需依赖该平台进行仿

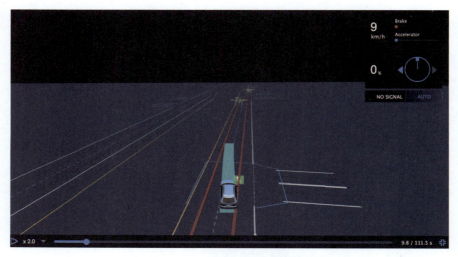

■ 图 6.46 修改参数后的仿真结果

真,需向百度仿真部门管理客服提交申请,待审核权限通过后即可进入任务管理页面进行仿真任务创建。图 6.47 所示为 Dreamland 权限申请界面。

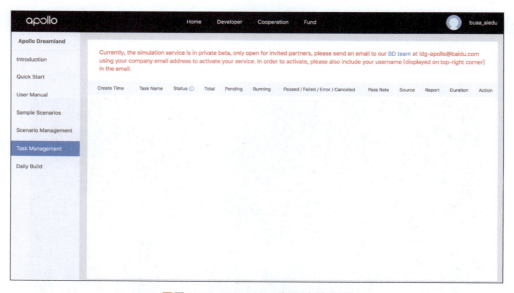

■ 图 6.47 Dreamland 权限申请界面

6.4 Apollo 案例分析

6.4.1 阿波龙

阿波龙是国内首款量产的无人驾驶电动巴士,适合低速园区智能接驳,自量产以来,阿波龙已经在多个地区落地并长期稳定运营。阿波龙具备 Apollo 自动驾驶解决方案,基于高精地图和智能感知技术,能根据实时感知到的周围信息、高精地图数据,实现对路径的最优规划。除此之外,它还能预测汽车、行人的行为意图,做出适当路况的行车决策,从而保证汽车安全地行驶。Apollo平台除了提供自动驾驶解决方案之外,还应用到整车设计的全过程,包括车身设计、人车交互系统的整体设计、特定场景需求架构设计以及微循环车特定的自动驾驶系统设计等环节。

阿波龙采用Apollo L4级量产园区自动驾驶解决方案——MiniBus自动接驳小巴自动驾驶套件,是全球首款L4级自动驾驶巴士,如图6.48所示。通过激光雷达、双目摄像头、毫米波雷达和超声波雷达等多种传感器提供四层感知冗余,能持续监测路面情况、周围物体,实现车流判断、路牌识别、避障等能力。

图6.48 阿波龙基本参数

它主要由硬件部分和汽车大脑两部分组成。硬件部分包括传感器系统、组合导航系统和车载计算中心。

车身上使用到的传感器包括激光雷达、毫米波雷达等以及高动态范围相机模组和立体摄像机。汽车顶端及车身两侧配有16线激光雷达,通过传感器发射的激光脉冲,"看清"周围的情况。在车头和车尾顶部,装有5个单目摄像头和一组双目摄像头,可精确识别路面交通线、汽车、行人等,如图6.49所示。

图6.49 阿波龙全方位探头

车身采用了 RTM(树脂传递模塑成型)轻型复合材料、整体全弧玻璃、宽幅电动门、自动无障碍爱心通道等新材料和新工艺。金龙阿波龙是金龙客车和百度联合打造的中国首款商用级无人驾驶巴士。整车没有方向盘、制动踏板、驱动踏板,是完全按照 L4 无人驾驶级别的特点全新打造的汽车产品。

2017 年 10 月 17 日百度与金龙客车宣布达成战略合作关系并一同研发电动巴士,至 2018 年 4 月 22 日首届数字中国建设峰会上百度宣布中国商用级无人驾驶巴士——阿波龙面向公众试乘,这也是中国 L4 级无人驾驶汽车首次面向公众试乘。

6.4.2 阿波牛

阿波牛作为一款基于百度 Apollo 平台开发的低成本、低速、安全的无人驾驶车,致力于解决标准化农场的日常作业,如图 6.50 所示。通过搭载 Apollo 自动驾驶技术,阿波牛不仅实现了在田间地头规划路线、自主行走,还实现了农场的割草、喷药、采摘等一系列智能作业。

图 6.50 阿波牛

阿波牛的开发者通过对电动车底盘进行改装,完成了线控和远程遥控。同时,基于 Apollo 进行适配,修改软件平台。最后,模拟农场环境,以低成本硬件方案为导向,通过不断调试与完善,终于实现了 Apollo 封闭场地无人驾驶。阿波牛底盘如图 6.51 所示。

硬件方面,开发者对定位设备做了裁剪,采用 Novatel 617D 板卡 RTK 差分定位,同时采用双天线取得航向,最终实现位置精度 2cm、航向精度 1°的厘米级定位。PCI-CAN 卡使用 esdcan-pcie402,IPC 选用普通的工控机,实现了农业机器人的低成本目标。

软件方面,对 GPS 驱动模块、Localization、Canbus、Control、Common 五个模块进行了修改。同时,对于每辆车的实时作业逻辑都有视觉监控,并检测作业状态。另外,红苹果农场为所有汽车规划了既定轨迹线路,通过汽车管理平台,分发作业线路给汽车,最终完成目标作业。

第6章 基于Apollo平台的决策与控制实践

■ 图6.51 阿波牛底盘

6.5 本章小结

本章介绍了基于 Apollo 平台进行决策与控制理论和算法实践相关内容,带领读者实际动手操作 Apollo 平台的安装、基于 Apollo 平台进行 Planning 模块的调试等,并介绍了 Apollo 仿真平台的架构和实践内容,最后简要介绍了 Apollo 已经开展落地示范应用的两个案例。本章的目的是为读者提供 Apollo 平台实践操作的简明指南,加深读者对决策与控制相关理论和算法的理解,并为读者未来进一步深入学习和掌握 Apollo 平台的使用提供入门指导。

参考文献

[1] 叶龙胜. 基于 Docker 容器的 SaaS 模式云应用平台的研究与设计[D]. 北京:北京邮电大学,2017.
[2] Apollo 开发者社区. 适用于无人驾驶的分布式仿真平台[EB/OL]. (2018-04-18)[2019-04-05] http://www.elecfans.com/d/663815.html.
[3] 孙少波. 油气田勘探开发生产中的数据治理方法与技术研究[D]. 西安:长安大学,2018.
[4] 佐思汽车研究. Apollo 一路走来,正在走出高成本的科研范畴迈向实用领域[EB/OL]. (2018-04-18)[2019-04-09] http://www.elecfans.com/d/691317.html.
[5] 杨渊. 基于区块链的银行信息互联平台设计与实现[D]. 北京:北京交通大学,2018.
[6] 王维. 电信行业经营分析系统应用性能管理平台的设计与实现[D]. 成都:电子科技大学,2017.
[7] 刘思尧,李雪松,李昂. 信息通信运行数据自主采集、智能分析关键技术研究及应用[J]. 电子世界,2018(13):118-119,122.
[8] 郭海蓉. 基于微信平台的移动校园建设研究[J]. 电子技术与软件工程,2018,146(24):63-64.
[9] 任凯. 基于 NoSQL 海量数据分析引擎的研究与实现[D]. 重庆:西南石油大学,2016.
[10] 汪恺,张功萱,周秀敏. 基于容器虚拟化技术研究[J]. 计算机技术与发展,2015,25(08):138-141.

[11] 管皓,秦小林. 动态数学数字资源开放平台的研究与设计[J]. 哈尔滨工业大学学报,2019,51(5):14-22.
[12] 张庆. 钙钛矿型功能材料的基因组工程研究[D]. 上海:上海大学,2018.
[13] 吴鑫泉,杨军. 基于自主容器云平台的大数据日志采集系统[J]. 计算机与现代化,2019,282(02):106-110.
[14] 郑夏勋,章国宝. 智能家居增值服务平台研究与开发[J]. 工业控制计算机,2018,31(03):39-40.
[15] 商车. 金龙与百度计划2018年量产商用无人驾驶巴士[J]. 商用汽车新闻,2017(42):2.
[16] Yvette. 阿波龙无人驾驶微循环电动巴士[J]. 设计,2019,32(02):42-43.
[17] 刘娟娟. 中国开启"人工智能+"大时代[J]. 发现,2017(5):36-38.
[18] 张静. 国内首次L4级公众试乘[J]. 汽车观察,2018,158(05):116.
[19] 阿衣苏鲁·依拉洪. 面向移动互联网应用的PaaS平台设计与实现[D]. 大连:大连理工大学,2016.
[20] 王刘飞. Docker虚拟化安全隔离系统设计与实现[D]. 西安:西安电子科技大学,2018.
[21] 丁承君,崔欣,朱雪宏,等. 信息物理系统数据格式交换性能研究[J]. 科技通报,2019,35(02):59-63.